人生にYES!と言うための
パーソナルコーチング

織田善行 著

ビジネス教育出版社

巻頭の辞

「すべての意味のある継続的な変化は、まず内部から始まり、外部へ展開していくものである」

この引用句は、私自身が妻のダイアンと一緒に、一九七一年にパシフィック・インスティテュートを創立して以来、常に真実であると証明されてきています。認知心理学と社会学習理論の分野での精力的な研究を通じて、私たちの会社は、優れたカリキュラムやその方法を開発してきました。即ち、そのカリキュラムとは、「人間の心はどのように機能していくか?」を理解する術を教えるものであり、方法とは、人生の目的を達成するためには、いかに思考していくべきかを検討する際に役に立つ具体的なプロセスのことです。

苗木が大木に成長するには、十分なケアが必要であるように、人間の心も、成長するために同じものが必要です。「私たちは何者か?」「私たちは何になりたいのか?」という「種」を備えているのは、心（知能・知性）の部分です。その人間の心は非常に強力なものですから、潜在意識が、私たちが考えている「何者だ」というビジョンを呈示しながら、私たちに命令してきます。そして、私たちはそのビジョン通りに行動するようになります。

例えば、現在の自分の行動が気に入らないとします。自分の行動パターンを変えたいと思います。それで、さしあたって、外側から強い意志をもって全身の力を振り絞り、変化を起こそうとします。確かに、それは一瞬うまくいくでしょう。そして、短期間それは続くでしょう。しかし、ちょっと気が緩むと、たちまち元の状態に戻ってしまうでしょう。

おわかりでしょう。内部のイメージ（ビジョン）が変わっていないので、結果が現れるべき外部も変わらなかったわけです。

同じ原則が、組織に関してもあてはまります。外側から変化を起こそうとしても、常に失敗するものです。変化は、常に内部からわき起こるものでなければなりません。それは、個人についても組織についても同じことです。

私たちは各自、「自分たちはどのようになりたいのか？」とか、「どこへ行きたいのか？」というビジョンを持っていなければなりません。それも自分たちのためではなく、私たちの家族のため、（所属している）組織のため、（私たちが住んでいる）世界のためにです。可能性は無限です。そして今、皆さんはまさにそれを始める入り口に立っているのです。

さて、これはすばらしい本です。

私の友人である織田さんが「夢の実現」の方程式について語ってくれています。

よく、アメリカン・ドリームと言われますが、これはアメリカだけのことではないことが、おわかりになると思います。

自信喪失気味の日本の皆さまが、ここに述べられている考え方を身につけられ、自己実現に向けて自分らしく生きられることを期待します。

一九九九年七月

パシフィック・インスティテュート会長

ルー・タイス

人生にYES!と言うためのパーソナルコーチング

はじめに

終身雇用制が事実上崩壊し、「エンプロイアビリティ」という言葉がこれからの日本における雇用と人材育成に関するキーワードになりそうです。「いつでもどこでも雇用されうる能力」という意味で、人の価値をこれまでの所属価値（どこに勤めているか）から存在価値（何ができるか）で見ようとするものです。

折しも、二〇〇〇年六月にＩＬＯが「エンプロイアビリティ」についてレポートを発表しました。それによると、エンプロイアビリティとは、「知識、スキルおよびコンピテンシー（思考特性、行動特性＝態度）の三つの要素から構成される」と定義しています。これを受けて、日本の厚生労働省も同様の定義を打ち出しています。

これは欧米では一般的な概念で、日本にもいよいよ人材に関する「国際標準化」が進んできたといってよいでしょう。新卒採用に見られるような、現在どのような能力を保有しているかに関係なく採用し、ＯＪＴと研修でその人の能力を開発するという悠長なやり方は、通用しなくなってきました。将来の可能性に投資するのではなく、あくまで現在の存在価値（何ができるか）に投資する時代になってきたのです。

採用する側では、すぐに使える人材を採用したいし、採用される側も「自分にはこれこれの能力と実績がある」ことを自ら証明しなければならないのです。このことは、いったん採用された後にも、「この人物は雇用し続けるだけの価値があるか」という問いに応える必要がでてくるわけです。

その意味で、これからは一人ひとりが自分のキャリア形成に投資し、能力を磨いているかどうかが問われることになるのです。それだけ、個人の自立が求められる時代になったということです。

しかも、従来は知識とかスキルというＩＱ的な要素さえ身につければよかったものが、今後はコンピテンシー（思考特性、行動特性）というＥＱ的な能力を身につける必要がでてきたのです。そのうえで企業に埋もれない生き方、倫理観を身につけることが求められるようになりました。

私たちは、善い悪いは別にして、他人志向型の「恥の文化」のなかで生きてきました。何かをやるにしても、他の人がどのようにするかを気にし、他人と違うことをすると恥ずかしいと感じます。集団規範から逸脱することに、やたらと恥ずかしい思いをします。

一方で、「赤信号、皆で渡れば怖くない」という身の処し方も一般的でした。会社のために自分を犠牲にすることに何の違和感も感じませんでした。

しかしこれからは、そのような会社人間的な生き方は通用しなくなります。私たちは「就社」ではなく文字通り「就職」するのです。能力を発揮していると、別のところから声がかかる一方、満足に仕事をしないと、会社側から解雇されることもありうるのです。無難に定年まで勤めることがむずかしくなってきました。

私たちは、そのような時代背景のなかで生きていかねばならなくなりました。

あなたは、そのような変化についていくだけの心の準備ができていますか。

本書は前著「可能性を拓く心の法則」をベースに、日頃研修の場で議論してきたテーマ（コーチング）を書き加えて内容を深化させたつもりです。その意味で、IIE(Invetment In Excellence)研修に参加されました受講生の皆さんに感謝いたします。

このプログラムは、すでに四二か国で導入されており、毎年二〇〇万人以上もの人々が受講している、文字どおり世界のプログラムといえます。これからの「変化」をどのように受けとめ、それにどのように対応していくか、世界の人々が基盤としている考え方を探ってみましょう。それが人材の国際化につながるものと信じています。

織田　善行

二〇〇四年二月

人生にYES!と言うためのパーソナルコーチング

目次

第I章

自分のなかに眠る本当の力

コーチングとメンタリング

◆コーチングとは何か

「コーチングとは何ですか？」と問われれば、ほとんどの人はスポーツにおけるコーチと選手の関係を思い浮かべ、「人（選手）のスキルを向上させるよう指導すること」と答えるでしょう。そのとおりです。概してスポーツの世界では珍しいことではありません。有力選手には必ずといっていいほどコーチがついています。そしてスポーツ以外でも一般化した概念として「コーチング」があります。

一方、メンタリングという言葉も普及し始めています。メンタリングとは、「経験豊かな人が、まだ未熟な人に対して行うキャリア的、心理・社会的な支援」をいいますが、日本では馴染みがうすく、まだ一般的ではありません。これはわかりやすく言えば、精神的なつながりの深い「師弟関係」にあたるものです。

では始めに、コーチングとメンタリングの違いについて明らかにしておきましょう。

◆コーチング

コーチングは、その語源の「coach＝馬車」から、「人をその人が行きたいところに確実に早く送り届ける」という意味があります。すなわち、馬車に乗った人は「自分がどこに行きたいか」解っているのであり、しかも、自分で行くよりも馬車で行くほうが早く、確実に目的地に行くことができることを理解しているのです。

つまり、コーチングは、コーチされる人が「What＝何をやりたいか」は解っていても、「How＝どのように」やればよいか解らないときに、「自分よりはスキルが上であり、知識、経験が豊富な人から指導を受けたい」というときに成り立つ概念です。したがって、多くの場合「特定のスキルの向上をめざす」という目的をもった「指導—被指導」（＝影響力）の関係を「コーチング」と定義できます。

すなわち、一般的には、指導する人は明らかに指導される人よりスキルが上であり、指導される人にとっては「あのようになりたい（上達したい）」という目標になり、またモデルになるものです。その結果、喜んでその人の指導を受け入れようとします。

このように見ると、学問、スポーツ、音楽、美術、料理、建築など、いろいろな領域において見られる「指導―被指導」の関係は、それがどのように表現されようと、一般的に「コーチング」に該当するといってよいでしょう。
これらの関係を図式化すると、次のようになります。

コーチング

コーチ
受け手のスキルを向上したい。
豊富な専門的知識やスキルを持っている。
専門的知識を示しながら受け手に働きかける
コーチの専門性を判断してその働きかけに応じる
コーチを受ける人
自分より専門的知識のある人のアドバイスには従ったほうが得策である。

しかしながら、指導する人のスキルが専門的に上でなくても、その人のコーチを受けようとする関係も成立します。人間的に優れていて魅力的であれば、その人の言うことなら進んで従おうと思えるわけで、それがメンターとしてコーチする（いわゆるメンタリング）という関係が成立するわけです。

◆メンタリング

したがって、「メンタリング」は精神的な意味での「指導―被指導」の関係をいいます。その解釈にあたっては、ここでも語源に由来するところが大きいといえます。

「メンタリング」の語源は、ギリシャ神話の「オデュッセイア」に登場する賢人「メントール」に由来します。

トロイ戦争に出征するにあたり、オデュッセウス王は、自分の息子テレマコスの教育を友人のメントールに依頼したが、具体的にどの部分を向上または矯正してほしいと頼んだわけではない。「王の息子としての帝王学と人間的成長」を依頼し、メントールもこの依頼にこたえている。つまり、その人の人間的魅力を信頼して依頼するのであり、方法論よりは目的に関わる関係と言ってよいでしょう。

「メンタリング」について、ルー・タイスは『Personal Coaching For Results』（日本語訳『望めば叶う』日経ＢＰ社）のなかで次のように言っています。

私の知っている限り、成功した人には最低一人はコーチかメンターといった関係の人がいる。そして、師弟関係が話題になると、決まって熱心に経験談をしたがる。恩師を思い出すと、

みんなとても暖かな気持ちになるからだ。・・・
その人は何をしてくれただろうか？ きっと、当時のあなたには見えなかった資質を見抜いてくれたにちがいない。その人達には、あなた自身がもっているよりももっと大きなあなたのイメージがあった。もちろん、あなたの短所や欠点が見えなかったわけではないが、それにはこだわらなかった。そうではなくて、あなたが自分の力や能力、成長の可能性を信じる手助けをしてくれた。あなたにインスピレーションを与え、自分だけではわからなかった人生の可能性が見えるように助けてくれたはずだ。
あなたはメンターを信頼しているから、メンターが描いてくれたイメージを受け入れた。それから、はっきり口に出したかどうかは別として、こんな自己対話をしたはずだ。「そうだ、私には可能性がある。私にはできるはずだ。私は、そういう人間なんだ」自分に対するあなたの信念は変わり、変わった自分にふさわしい行動を始める。

このように述べた後で、ルー・タイスは「自分が成長できたら、次はコーチングという、主に具体的なスキルの向上に焦点を置いた活動がくる。そこから一歩進んでメンタリングになると、援助のプロセスが広がりと深みを帯びて、もっと大きな私的生活と職業生活の領域まで含まれる」と言っています。

これらの関係を、ルー・タイスは次のように図式化しています。つまり、メンタリングとコーチングは、実際には重なる部分があるのです。それは、この二つが、理論というよりはむしろプラクティス（実践）であることによります。例えば、コーチングを成功させるには、受け手の精神面を重視したメンタリングの要素を考慮に入れる必要があるわけですが、これは、スポーツの世界では常識のことです。

個人としての成長

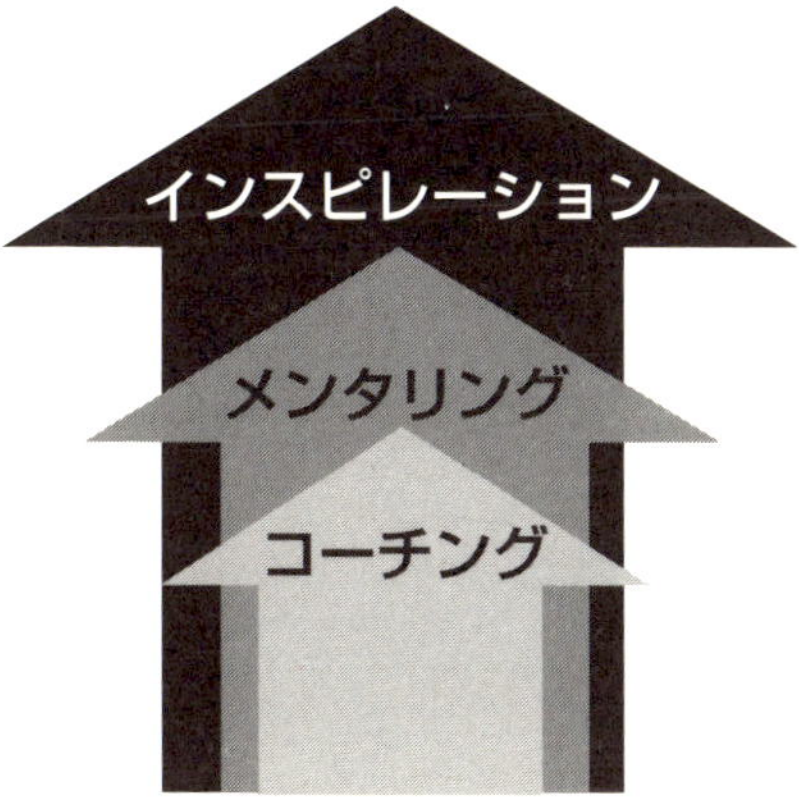

◆個人の成長に影響を与えるコーチングとメンタリング

人間的な信頼関係にもとづくメンタリングをベースにすれば、スキルに対するアドバイスは一層効果的になります。このことをもって、専門的知識が無くてもコーチができるという人がいますが、それは乱暴な言い方です。メンターには専門的知識は必要ありませんが、コーチには必要です。むしろ、「良いコーチは専門的知識をもったメンターである」といったほうが正しい表現といえましょう。

メンタリングについての典型的な例として、ロバート・ケリーは『指導力革命』（プレジデント社）のなかで、アイゼンハワー元大統領とフォックス・コナー将軍の関係を紹介したあとで、次のように解説を加えています。


アイゼンハワーのハイスクールとウェストポイントでのさえない成績から、誰が後の偉業を想像しただろう。彼が平凡だったのは、もちろん能力が欠けていたからではない。が、平凡さを乗り越えるためには、彼の才能を耕す手助けができる人物と深くかかわる必要があった。・・・その才能が「ダイヤモンドの原石」かもしれないと認めてくれる誰かにゆだね、そうすることで自分を成長させてゆく。メンターは、ダイヤモンドがキラキラ輝くよう磨く手助けをする。つまり、大いなる満足を味わえるゴールへとフォロワーの才能を導くのだ。

◆高橋尚子を育てた小出監督は名メンター

日本にもメンタリングの良い例があります。

それは、二〇〇〇年のシドニー・オリンピックの女子マラソンで優勝した高橋尚子選手と小出監督の関係です。

平凡な長距離ランナーだった高橋選手に「発掘されていない才能＝ダイヤモンドの原石」を見出した小出監督は、練習の過程で「君はもっとできる」と言って高橋選手をはげまし続けました。高橋選手もその助言を受け入れ、オリンピックで優勝しているイメージをもって練習を重ね、本番で見事に優勝を飾りました。これはメンターである監督との二人三脚の優勝といえます。

高橋選手の次の目標は世界最高記録で走ることでした。これは二〇〇一年のベルリン・マラソンで実現します。高橋選手を動かしているのは、自分の隠れた可能性を引き出したいという欲求だといえます。つまり、もっと学びたい、さらに上のレベルに進むためにレッスンやコーチングを受けたいという思いが、彼女を動かしているのです。

◆コーチとメンターの役割は自主的に解決させること

このように見ていくと、コーチとメンターの役割がはっきりと見えてきます。それは、「コーチは、指導を受ける人の問題を解決する人ではない」ということです。むしろ指導を受ける人のためにも問題を解決しないで、「本人に気づかせ、自主的に解決させる」ことが必要になります。ルー・タイスは、コーチやメンターの役割を次のように言っています。

「そんなことをしたら、相手を有能にするどころか、弱くし、依存させる。そうではなくて、相手が自分で解決策を見いだせる環境を創り出す努力をしよう。支援し、励まし、役に立つ情報を与えよう。それから、相手の状況分析を積極的に聞いてやり、相手の最高の部分、なりうる最高の姿を投影してやろう」

その意味で、コーチの役割は「助言」ということになります。

そして、助言の内容の適・不適は、相手が自分の判断で行動を起こしその結果に影響するだけに、単なる情報提供以上の意味をもつのです。

この本でも、そのような意味でコーチングという言葉をつかっています。また、自分で自分自身をコーチングするという意味で、セルフコーチングという言い方をしています。

自己イメージ

◆自分はどんな人間か

人はだれでも自分のことは自分が一番よく知っているつもりでいます。そして、他人から自分が思ってもいなかったことを言われると怒りだすことさえあります。それは、自分なりに心に抱いている「自己イメージ」というものがあり、それと違ったことを指摘されると違和感を感じ、大きく違えばとんでもないということになるからです。

それでは、自己イメージとは何でしょうか？

「今世紀の最も重大な心理学的発見は「自己イメージ」の発見である」と言ったのはマクスウェル・マルツですが、自己イメージとは、「自分はどんな人間か」心に描いている自分像のことで、自分にたいする評価、判断を含みます。

私たちは普段、自己イメージを意識することなく日常生活を送っています。それは、うまく表現できないまでも「これが自分だ」というものを自分の実感としてもっているからであり、だからこそ「自分は何者なのか」ということを考えることもないのです。

◆成功の心理学

自己イメージは「結果」でもあり「原因」でもあります。つまり、過去のさまざまな経験、たとえば成功や失敗、勝利や挫折、さらには他人からの評価などの産物です。私たちは、そういったさまざまな要素をもとにして、「自分はこういう人間だ」「これぐらいのことはできる」という自己イメージをつくります。その意味では、自己イメージは「結果」です。そして、いったんその自己イメージができあがって信じ込んでしまうと、それが次の行動の枠となり、私たちはあたかもそれが真実であるかのように自己イメージどおり行動するのです。その意味では、自己イメージは「原因」になります。

D・ウェイトリーは『成功の心理学』のなかで、これを次のようにのべています。

人は「自分はこういう人間だ」という事実にそって振る舞うわけではなく、「自分はこういう人間なのだ」と考える自分の知覚に従って立ち振る舞うのだ。その人その人が、自分についてどう感じているかがその人のすべてだ。なぜならば、いま自分はこういう人間として存在していること、あるいはこういう人間になりたいと憧れていることが、自分でつくり出す自分のイメージに投影されるはずだからだ。

つまり、私たちの行動は、常に自己イメージと一致するということであり、自己イメージ通りに考え行動するということです。逆に言えば、自分自身を見る目と違った考え方や行動をとることはないのです。

たとえば「自分は頭がよい」、あるいは「自分は頭が悪い」という自己イメージをもっている人が試験に失敗したとき、それぞれどのように考え行動するかを、次ページのフローチャートを見ながら対比してみましょう。

このチャートからもわかるように、私たちは自己イメージ通りに行動することになるのです。自己イメージは、自分が自分自身についてどう見るかだけでなく、他人からも色々なイメージを与えられます。たとえば子供は「自分は頭が良い」「悪い」などという自己イメージをもって生まれてくるわけではありません。主として親兄弟や先生がどう見ているか、言葉、まなざしや態度などを通じて子供に伝わります。子供は親の言うことをそのまま受け入れ、それが印象となって潜在意識に蓄積されます。しかしそれは、そのときに印象づけられただけでなく、その後もそのことを思い出すたびに潜在意識に刷り込まれ、ますますそのイメージは強化されるのです。

自己イメージ	自分は頭がよい	自分は頭が悪い
事　実	試験に失敗した	試験に失敗した
自己対話	勉強しなかったから試験に失敗した	自分は頭が悪いから試験に失敗した
次への期待	次回は頑張ってよい成績をとろう	どうせまた失敗だろう
行　動	勉強する	勉強しない
結　果	よい成績をとる	失敗する

◆自己イメージは他人の評価に影響される

子供は常に親や友人、先生などから多くのプラスの賞賛やマイナスの批判を浴びせかけられています。そういう外からのストロークの一部は、プラスの自己イメージの形成に役立っています。しかし、それよりはるかに多くの妨げとなるストロークを受けており、それらがマイナスの自己イメージの形成に手を貸すことになるのです。

たとえば子供は一歳の頃になると、よちよち歩きや片言の言葉を話せるようになりますが、そのとき親は手放しで喜び、根気よくあやし励まします。これは子供の自己イメージの形成にプラスになっています。ところが親は、子供がいったん歩けるようになり、話せるようになると、今度は一転して抑制するようになります。つまり子供の行動半径が拡がると、「危険だから」といってああしてはいけない、こうしてはいけない、ああしなさい、こうしなさいとうるさく子供の行動を規制するようになるのです。そして失敗は悪いことだと教えます。そして子供はほめられることよりも叱られることのほうが多くなり、善意のつもりな親のストロークが、悪い自己イメージの形成につながっていくのです。そしていつしか、子供は自分を失敗しそうな状況には置かなくなるようになるのです。

この関係を図示すると次のようになります。

自己イメージ形成の概念図

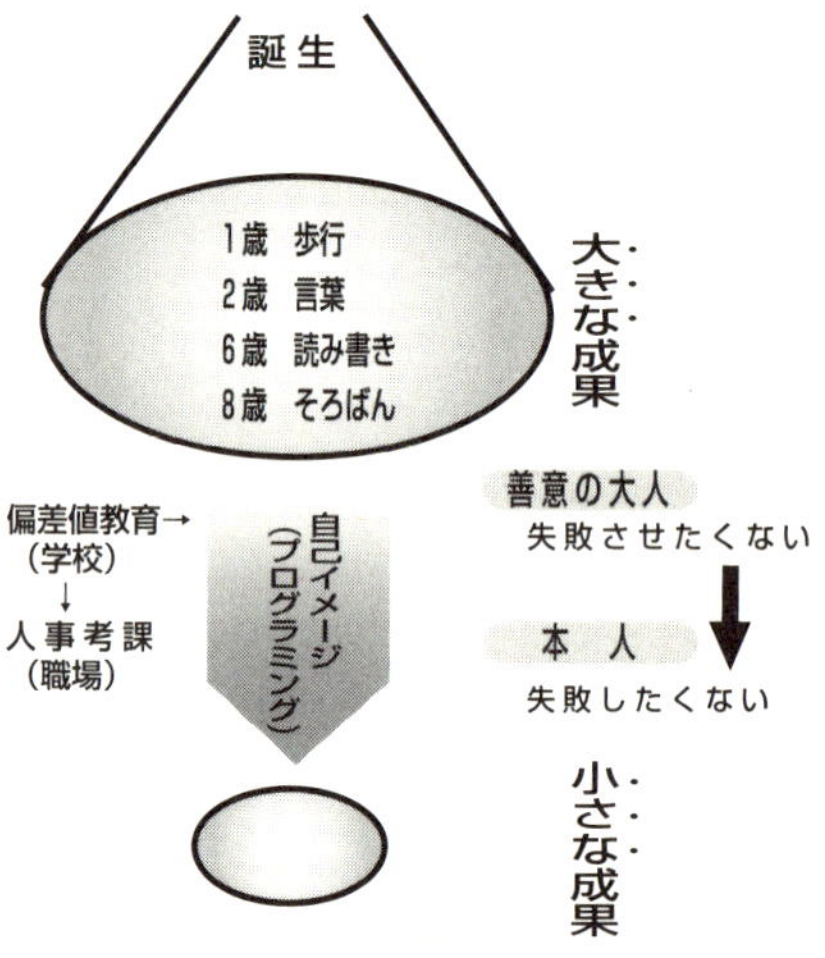

一番いけないのは、子供が試験に失敗したり、何かに失敗したときの親の次のようなストロークです。

・こんなこともできないの。
・またしくじったのね。いつもそうなんだから。
・どうしてうちの子はだらしないんだろう。

このような言葉は、決して子供の良い自己イメージの形成には役立ちません。特に、他の子供と比較した叱り方は、子供に劣等感を植え付けるだけです。子供は感受性が強いため、親や先生の批判にたやすく動揺します。そしてそれが積み重なると、子供は本当に自分が駄目な人間だと思うようになります。そしてその子供は自己イメージ通りに行動するようになり、本当にそのような人間になってしまいます。「自分は頭が悪い」と思っている子供は、勉強しなくなります。「自分は嫌われ者だ」と思っている子供は、人から嫌われるような行動をとってしまいます。

ところで「自分は頭が悪い」と思っている子供に、「あなたの問題は、自分は頭が悪いと思っているその思いこみだ」と言っても、その子供は成績表を持ち出してきて、「自分はこんなに成績が悪い」と証拠を並べ立て、釈明することでしょう。かくしてその子供は、ある特定の課題における失敗と人生における失敗とを混同させてしまうようになります。そして、自分を人生の落伍者とみなすようになるのです。ですから、子供に向けて発する言葉には注意し、できるだけ肯定的な言葉を使うようにしましょう。

◆自己対話とイメージ

自己イメージが、他人の評価に影響されることについては以上の通りですが、それでは、自分自身の評価による自己イメージの形成は、どのようにしてできるのでしょうか？

それは、自己対話によります。

対話という場合、普通は話しかける相手が必要になりますが、相手の人が他人でなく自分自身であるとき、つまり自分と対話することを「自己対話」といいます。そのような回りくどい言い方をしなくても、それは「考える」ということです。そして何回も同じことを考えているうちに、それは思い込み、信じ込みとなり、その人の真実として潜在意識に刷りこまれることになります。つまり、他人の目にどのように映ろうが「これが自分だ」と思っている自己イメージができあがることになります。

自己対話と他人の評価

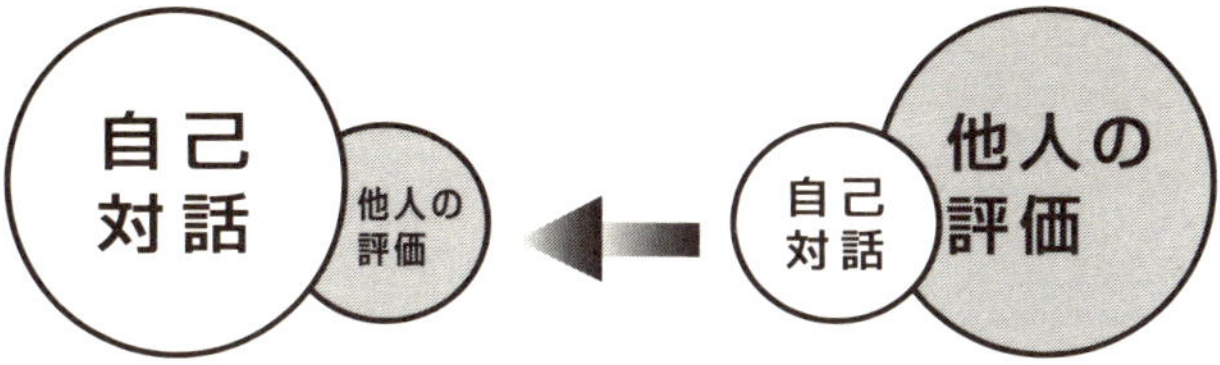

私たちは、このような過程を経て自己イメージをつくっています。したがって、自己イメージは変えることができるのです。また、私たちが何か新しいことをやろうとするときは、まず自己イメージを変えなければなりません。ところが、人は自己イメージを変えないまま「成功したい」とか「うまくやりたい」と自分勝手な望みをもつものです。自己イメージを変えること、これが先決です。

「自己イメージを変えること」について、私が経験したあるエピソードをお話しようと思います。

私がある体育大学で、学生相手に自己イメージの話をした時のことです。そのとき学生たちに、次のような質問をしてみました。

（1）皆さんの中で、高校時代と比較して記録が良くなった（伸びた）人は手をあげてください。

（2）高校時代と比較して、記録が変わらない（伸びない）人は手をあげてください。
（3）高校時代と比較して、むしろ下降気味の人は手をあげてください。

それぞれの問いに学生たちは手をあげていましたが、多い順に1―2―3（1と2はほぼ同数、3は少数）となりました。

そこで、もう一つ質問をしました。

「もし、自分の標準的な記録（自己イメージ）より良い記録を出したとき、皆さんはどのような自己対話をしますか？」

これに対して、「『これが自分の実力だ。よし、この記録をいつも出せるよう頑張ろう』と思う人は手をあげてください」といったところ、手をあげたのは（1）の学生でした。

次に「まぐれだ。こんな記録をいつも出せるとは限らない」という答えに手をあげたのは（2）および（3）の学生たちでした。

これらの関係を図示すると、次のようになります。

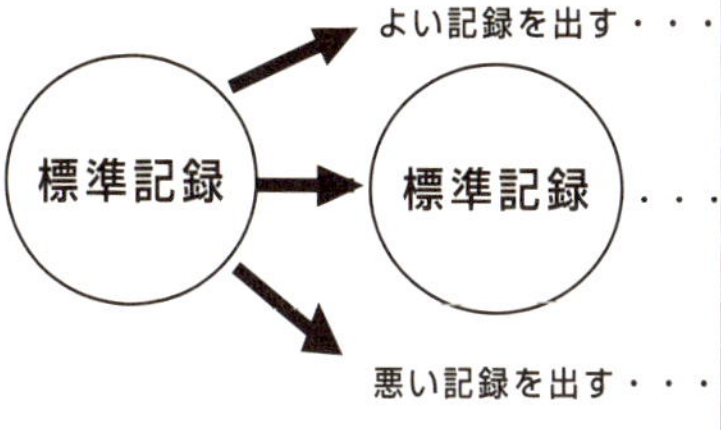

	自己対話	
	記録が伸びている	記録が下降気味
よい記録を出す・・・	これが自分の実力だ	まぐれだ
標準記録・・・	まずまずだ	上出来だ
悪い記録を出す・・・	こんなこともあるさ 今度は頑張ろう	これが自分の実力だ

このことは何を意味するのでしょうか？　記録を伸ばした学生は、良い記録がでたとき「『これが自分の実力だ』と認めたうえで、『これからは、この記録を出すよう頑張ろう』」と積極的に自己対話します。これに対して、記録が伸びていない学生は「『これは出来過ぎだ』と自分の力を認めようとしないで、『本来の記録はもっと低いはずだ』」と消極的に自己対話します。つまり、良い記録をだしてもそれを認めようとしないで、もとの低い自己イメージに固執します。その結果、いつまでたっても自己イメージは変わらないし、記録ももとのままで推移することになります。

一方、悪い記録を出したときはどうでしょう？　このとき、消極的に反応するのが（3）のタイプ（記録が下降気味）の学生です。彼らは「ああ、これが自分の実力なのかもしれない。自分はこの程度なのだ」と自己対話します。そして自己イメージを引き下げてしまうのです。

それに反して、（1）と（2）の学生は、「こんなこともあるさ。次回は頑張って良い記録を出そう」と自分に言い聞かせます。つまり、悪い記録を拒否して自己イメージを保とうとするのです。

以上のことから、「自己イメージを変える」ことのヒントが見えてきます。「自己イメージを変える」には、「自己イメージをつくる」のと同じルールが適応されるということです。すなわち自己イメージは自己対話によって変えることができる、したがって自己対話をコントロールする必要があるということです。

私たちが現在あるのは、過去の自己イメージの「結果」です。そして、現在の自己イメージが「原因」となって将来の自分をつくります。それが嫌なら自己イメージを変えなければなりません。よく、大きな成功をおさめた人を見て「あの人なら成功者の自己イメージをもてるだろう」という言い方をしますが、それは間違っています。成功者は、成功した瞬間に（結果として）そのような自己イメージをもったのではありません。確かに、成功したことで自分の成功者としてのイメージを強固なものにすることはできたでしょう。しかし、その人は成功するずっと前から「自分は成功者である」という自己イメージをもっていたのです。また、もっていないと成功できないのです。

その意味で、将来成功したいと思うのでしたら、成功している自分の姿（自己イメージ）が見えなければなりません。

ふだんはうまくやれるのに、「大勢の人の前ではうまく話せない」という人や、「本番の試合では力を発揮できない」スポーツ選手なども同じです。彼らは、そのような場面でうまくやっている自分の姿をイメージできないのです。そのような場合には、まず自己イメージを変える必要があるのです。

◆成功した自分を心に描く

私たちは、自己イメージから逃れることはできません。自己イメージとは、一生つきあっていかねばならないものです。この自己イメージと仲良くできるか、疎遠になるかが、私たちの生き方そのものになります。

即ち自己イメージは、私たちの財産にもなるし、負債にもなりうるということです。肯定的な自己イメージが成功に向けて作用する一方で、否定的な自己イメージが失敗へと導くのです。とするならば、私たちは肯定的ですぐれた自己イメージをもつ必要があります。

要は、現実よりもすぐれた自分、成功した自分を常に心に描くことで、自己イメージを高める必要があります。なぜなら潜在意識は「現実の成功」と「鮮明にイメージした成功」とを、区別することができないからです。

この原理を応用して、私たちは自分の目標を実現していくのです。この点については、後のほうで取り上げたいと思います。

自尊心と自負心（自己効力感）

①自尊心

自分を尊ぶ心と書いて「自尊心」といいます。即ち、自分を価値ある存在として認める心のことです。ところが日本では、「プライドが高い嫌なやつだ」「高慢ちきなやつだ」「鼻もちならないやつだ」「優越感が強い身の程知らず」などと、悪い意味で使われることが多いようです。

なぜそうなのでしょうか？

自分の強さも弱さも、成功も失敗も、欠点も短所もすべてを認めたうえで、なお丸ごと自分を受け入れる心がなくて、私たちは何をよりどころにして生きていけばいいのでしょう？　誰も認めてくれなくても自分だけは受け入れ、かけがえのない存在として認めているよ、という心、それが自尊心です。

私たちは、一生自分とつきあっていかなければならないのです。嫌だからしばらくつきあうのをやめておこう、というわけにはいかないのです。それならば、できるだけ仲良くしたほうがよい、最良の友人は自分自身です。一緒になって未来を切り開いていけるならば、それにこしたことはありません。それでは、どのようにして自分と仲良くすればよいのでしょう。

それは、自分を認め、許し、受け入れることです。自尊心は、今日あるのはすべて自分に責任があることを認め、自分を受容することからスタートしなければなりません。即ち、自分を認め、受け入れることで、より良くなろうと自分に期待して目標を設定し、それに向けて人生を歩むことができるのです。その意味で、長い目で見ると、自尊心とその人の行動の成果は一致するのです。

◆自尊心の高い人、低い人

私は、この「自尊心」という言葉に、一般的な意味でなく字句通りの意味を与えたいと思います。つまり自尊心とは、自分自身を適正に評価することです。過大評価することでも、過小評価することでもない、ありのままの自分を適正に評価する謙虚な心をもつことです。この場合の「謙虚」とは、①誠実であること、②生かされていることを素直に認めることです。

そのうえで、私は次のように考えます。

高い自尊心をもつ人というのは、ありのままの自分を認めたうえで、さらに良くなろうと向上心をもって、冒険を試みようとする人のことです。その結果、高い自尊心をもつ人の周囲には、多くのすぐれた人々が集まってきます。
そして、他の人の支援を素直に受け入れることも、また支援の手を差し伸べることもできるのです。他の人と共生できる人、それが自尊心の高い人です。則ち、Win—Winの生き方ができる人のことです。

もし競争について聞かれるならば、それは「自分との競争」と答えるでしょう。つまり、克己（己に克つこと）が、その人のめざすところです。

一方、自尊心の低い人は、ありのままの自分を認めようとしないで、他人を不当に評価したり、けなすことによって自分を維持しようとします。したがって、人も近寄ろうとはしません。つまり自尊心の低い人は、自分自身の評価基準によらないで、他人の基準によって自分を評価しようとします。そして他人との比較で自分の価値を見ようとしますので、そこには、他人より優れているという（優越感）と、他人より劣っているという（劣等感）という感情しか生まれてこないのです。優越感というのは、他人（相手）を見下してその人の尊厳を傷つけることによって自分を（相対的に）維持しようとする感情のことです。また劣等感というのは、自分を見下して自分の尊厳を傷つけることによって生じる感情のことです。

比較や競争から生じる、もう一つのケースがあります。それは「引き分け」です。

そのとき、私たちは「相手に勝たなくてよかった」とは決して思いません。「負けなくてよかった」と思ってほっとします。その底辺にあるのは、「負けたくない」ということと、負けたときに感じる劣等感ということができます。いずれにしても、これらの感情は、他人との比較から生じる優劣の感情で、Win—Loseの生き方ということができます。これはとても生産的な生き方とはいえません。その結果、つねに他人のことが気にかかり、心が安まることはないのです。

◆東大生の劣等感

例として、東大生の劣等感についてみてみましょう。エリートの象徴のように見られる東大生が劣等感をもっているといったら驚かれるかもしれませんが、これは本当のことです。彼らは小さいときから成績が優秀で、学校では常に一、二をあらそってきた学生たちです。受験戦争のなかでひたすら友人たちと競争し、自負心(自己効力感)のみで生きてきたその学生たちが、いざ東大に入学してみて、自分より頭の良い学生がいっぱいいるのを見て、一様にショックを受けるのです。そして、一番でないと気が済まない自分が、そうでない自分を許せなくなるのです。

世間ではぜいたくな悩みというでしょうが、当の学生たちにしてみれば、深刻な悩みです。これは、評価基準を自分以外のものに求めたために、起こってくる現象です。

自尊心の低い人の根底にあるのは、自分が別の誰かであればよいと思っていることです。彼らの言い分は「もっと頭の良い子に生まれてきていたら」「億万長者であったらよいのに」「あと一〇歳若かったら」「もっと美人に生まれてきていたら」など、自分にないものねだりをして、ありのままの自分を認めることを拒否しているのです。自分の容姿、学歴、家柄、さらには親の職業などをもちだして自分の実力以上のイメージを与えようとする（優越感）ことも、自分の欠点や弱点にこだわり、そのために自分はいつもうまくいかないという思い（劣等感）も、どちらも評価基準は外にあります。

劣等感の素地になるものは、だれもがもっています。それを自覚しているのは、正確な自己イメージをもっているということですから、正常なことです。自尊心の高い人は、自分の欠点や弱点を素直に認めて、それを克服しようと努めますが、できなくても卑下しないで、それを受け入れます。自分自身を正確に見つめ、だれにも欠点はあるものだということを知り、自分にできることとできないことを知ることが大切です。

◆実るほど頭の下がる稲穂

日本では、ステータスシンボルとしてブランド品や高級品を身につけたがることを自尊心の高いことの代名詞のように説明されていますが、これは間違っています。本人は、自分を金持ちに見せたがっているのでしょうが、それは、自分に確信がもてないことの裏返しにすぎません。自尊心の高い人は、自分を控えめに表現するものです。自慢と自信を混同することはありません。他の人に自分をひとかどの人物であると認めてもらう必要はないのです。

自分で認めればよいのです。自分を外に向かって表現するときは「実るほど頭の下がる稲穂かな」と控えめになります。

自尊心の低い人が安心を手に入れるためには、評価基準を他人から自分のうちに取り戻す以外にありません。そうしなければ、その人は他人の物差しで自分を評価し、他人の基準に達しない自分を受け入れることができず、自分に無いもののねだりを強いることになるのです。

私たちをコントロールしているのは自分自身であり、他人やいわんや環境や、星占いでもありません。コントロール・センターは自分の心のなかにあります。他人の評価基準は捨ててしまいましょう。誰か他の人であればよいと考えるのは、やめましょう。他人にはない自分を認め、楽しむのです。そのとき初めて、高い自尊心をもって自分の人生を歩いていけるようになります。

◆自尊心を測ってみよう

ところで、どのような自尊心をもっているかを知るよい方法は、その人をほめてみることです。

自尊心の低い人は人からほめられると、自分にはそれを受ける価値がないと思って、そのほめ言葉を拒絶してしまいます。一方、自尊心の高い人は、「ありがとう」と言ってその評価を素直に受け入れ、心のなかで静かに喜ぶのです。

日本人は、人からほめられたときに謙遜して「それほどでもありません」とへりくだって見せるのを美徳とするのが一般的ですが、ここはもう少し素直になってみてはいかがでしょうか。

人が心からほめてくれるときは、素直に感謝しましょう。もし私たちが、進歩したいのであれば、心のなかで静かに「ありがとう。これは自分にふさわしい」と潜在意識に言い聞かせるのです。そうすることにより、自分の良いところを身につけていくのです。また、そうすれば、他人とも素直にそれを分かち合うことができるようになります。このような生き方をすれば、変化やリスクを不安とは感じないで、どんなことにも積極的にチャレンジしようという気になるのです。

このように見てくると、しっかりした自尊心をもつことが、いかに重要であり、生きていくうえでの大切な基盤になるかが理解できます。しかしながら、残念なことに日本では、自尊心について正しく理解されておらず、その必要性も叫ばれていません。学級崩壊に代表される「荒れる学校」の実態は、子供たちだけでなく、親・教師たちの自尊心の危機でもあることを認識する必要があります。そして今こそ、自尊心の確立を、家庭と学校教育の基本にすえるべきだと思わずにはいられません。

私たちは、他の人を尊敬することは教えられてきましたが、自分を尊敬することは誰からも教えられていません。自分を尊敬できない人が他人を尊敬できるでしょうか。私たちは、子供に自分自身を尊敬することを、小さいときから教える必要があります。そして、自分の行動に責任をもち、自分の人生のハンドルを握るのは自分であることをしっかりと自覚させることが必要なのです。

◆落ちこぼれがサクセス・ストーリーの主人公に

ところで、子供の自尊心の大切さについて、ロバート・シュラーは『いかにして自分の夢を実現するか』のなかで、大変印象的な事例を紹介しています。少々長くなって恐縮ですが、そのまま引用させていただくことにします。タイトルは『落ちこぼれがサクセス・ストーリーの主人公に変身する学校』です。

一九七四年、ある大都市の教育委員会で一四年間働いている間に、子供たちがなにも教わらないうちに学校から押し出されていく現実に幻滅したマルバは、仕事を辞め、ウェストサイド私立中学校を設立した。

その学校では、黒人も白人も金持ちも生活保護者も区別なく平等に扱われ、子供たちの一人ひとりに、自尊心と決断力と誇りをもたせることに主眼がおかれた。

そして、たくさんの落ちこぼれや問題児、無断欠席の常習者たちは、マルバの手によって輝かしいサクセス・ストーリーの主人公に変身していった。

彼女は子供たちに、「自分に自信をもって努力すれば必ず報われる」と教えることからスタートした。「どんな子供だってきらりと光るものをもっている。新鮮な空気を送って、その炎を大きくすればいい」とマルバは考えた。

「できません」という言葉はマルバの学校では禁じられ、代わりに「できる!」と信じることを子供に教えた。「私がいる限り、あなたたちに失敗はさせません」というのが、彼女の子供たちへの口ぐせだった。

最近、このマルバ女史に会うチャンスに恵まれ、彼女のユニークな教育方針についてもっと詳しく知ることができた。

「シュラー博士、私は子供たちを、他人に寄りかからないで自分で起きあがる人間に育て上げる自信があります。自分でも想像がつかないような力を、子供たちから引き出す自信があります。自分に対する自信がわくと、子供たちの目は輝いてきます。それを見るのが私の最高の喜びなのです」

「どうすれば、子供たちに自信をもたせることができるのですか?」

私の質問にマルバ女史はこう答えた。

「まず私は、子供たちがあれもできなかった、これもできなかったときめつける声が充満している教員室にはいないようにしました。本当にお手上げだという子供なんていません」

「とするとあなたは、子供が成功できないのは、教育プログラムが悪いからだと言うのですか?」

「はい、残念ですがそういう場合が多いのです。よい例があります。先週の木曜日、私はある公立学校で授業をしたのですが、その時、成績の悪い問題児ばかりを四四人、ひとクラスに集めました。一人の少年が部屋の隅に後ろ向きに立っていたので、彼にこう言いました。「あなたみたいなハンサムが、そんなところにいるのはもったいないわ。もっと顔がよく見えるように、こちらにいらっしゃい」

彼は、ほかの生徒と一緒に席に座りました。私は生徒全員に言いました。

「今日一日、私が「なぜ」と聞いたら、「それは私が利口すぎるからです」と答えてください」

それから、さきほどの少年に聞きました。

「どうして私が、あなたをここに座らせたと思いますか？」

「僕が利口すぎるからです」

その少年は、私が指示したとおり忠実に答えました。

二時間の授業を終え、私が帰ろうとすると、子供たちは目に涙を浮かべて私に訴えました。「先生、僕たちをおいていかないで。先生の学校に一緒に連れていって！」

マルバ女史は話を続けた。

「私の学校では、生徒に「教室では行儀よくします」と何百回と書かせたり、「なぜ私は利口すぎて授業が馬鹿らしいと思うか」というテーマで即興のスピーチをやらせます。失敗よさようなら、成功よこんにちは！　これが私の教育のモットーです」

やればできるのだ！と自分を信じこませ、　不可能　という文字を自分の辞書から消し去り、積極的な見方をするように自分を変えていく訓練をすれば、あなただって「失敗よさようなら、成功よこんにちは！」と言えるはずだ。

②自負心（自己効力感）

自尊心に似た言葉として「自負心」があります。辞書を引くと「自分の才能に自信や誇りをもつ心」と解説してあります。自尊心が自分自身にたいする信頼感であるのに対し、自負心は自分の能力に対する信頼感です。つまり自負心とは「自分が努力すれば、環境や自分自身に対して好ましい変化を生じさせうるという自信」のことで、「自己効力感」と言い変えたほうがわかりやすいかもしれません。

◆自負心はゆらぐもの

自負心の中心には、自分自身に対する肯定的な見方があります。自負心をもつためには、自分で努力すれば何とか事態を改善できそうだという見通しが前提になります。

ところで、自負心は自分の能力に対する信頼感ですから、時としてゆらぐことがあります。私たちは新しいことにでくわしたり、手がけたりもするわけですから、うまくいかないこともあります。場合によっては、自分より能力のありそうな人と競争しなければならないこともあるでしょう。そのようなとき、自負心はゆらぎます。しかし、（高い）自尊心はゆらぐことがありません。自尊心は、他との比較や条件などがつかない絶対的な思いですから、うまくできないことがあっても簡単にはぐらついたりはしないものです。

自分自身に確信をもっている人は、たとえあることに失敗しても「次回はきっとうまくやれる」と思います。したがって、自分に対する自信を喪失することはありません。

しかし、自尊心がゆらげば、自負心もぐらついてきます。自分に対する信頼感がくずれれば、その上に構築されるものは、すべてくずれてしまうのです。自尊心あっての自負心であり、その逆ではありません。

自負心の敵は「恐怖心」と「無力感」です。

まず「恐怖心」について、検討してみましょう。ここでは、不安を未知のものに対する恐怖心と定義して、まとめて「恐怖心」ということにします。それも「失敗に対する恐怖心」です。

人は恐怖心があると、自分の能力を行動にあらわすことができなくなります。通常は、多少まずいことがあっても、自分に対する自信、信頼感は簡単にぐらついたりはしません。しかし失敗を恐れていると、仕事やスポーツの試合などで自分の力を発揮していこうという自信がもてなくなってしまいます。そして自分の能力に比べ、状況はますます困難に見え、自分に対する自信ももてなくなります。即ち、恐怖心があると、ものごとは実際以上に困難に見えてくるし、また、自分は実際以上に無力に思えてくるのです。

この悪循環を断ち切るには、現実的なチェックが必要です。即ち、①最悪の場合、どのようなことが起こるのか、②そのことが起こる確率はどれぐらいあるのか、の二点について冷静に予想します。するとほとんどの場合、状況は思ったほど悪くないことがわかります。そして、心が落ち着いてきて恐怖心から解放され、安心して行動に移ることができます。そうすると、自負心も回復してきます。

◆無力感に囚われない

それでは「無力感」とは何でしょうか。

無力感とは、「ある一つのことをやってもうまくいかないと感じるだけでなく、何をやってもうまくいかないと感じ、そのためにやる気を失っている状態」といえます。その意味で、無力感は効力感（自負心）の反対概念といえましょう。

私たちは、効力感をもっているかぎり、いろいろなことにチャレンジしようという気になります。しかし無力感におちいると、何もやる気が起こらなくなります。たとえば私たちは「それまでは比較的元気だった患者が、医師から「がん」と告げられたとたんに生きる意欲を失って、死期が早まった」という話をよく耳にします。もちろん現代医学の進歩はめざましく、「がん」は、今では不治の病ではなくなったにもかかわらず、本人が「不治」と認知したときから、よりよく生きようという意欲を失ってしまうのです。

このような極端な例でなくても、私たちは次のような例なら、いくらでも見つけることができます。

・学生の多くに見られる三無主義（無気力、無関心、無感動）
・企業人に見られる上昇停止症候群、燃え尽き症候群
・定年退職者に見られる急な老け込み

さらに、成人の四人に一人は軽度のうつ病にかかっていると言われるように、私たちの周囲には無力感にさいなまれている人々がいくらでも目につきます。

これらに共通しているのは、原因はどうであれ「何もやる気が起こらない」という心理状態です。これらの人は、「努力しても無駄だ」という思いが先行し、決して新しいことにチャレンジしようとしません。今やっていることがどんなにつまらなくても、たとえ嫌になることがあっても、一歩を踏み出そうとはしません。だから、いつも同じところで足踏みしているのです。この停滞の期間が長く続くと、「目標の喪失感」さらには「生きがいの喪失感」が強まり、精神的な泥沼にはまってしまうのです。

◆目標を定める

この状態から抜け出すには「目標設定」がいちばん効果的です。どんな困難な状況にあっても、生きていくうえで、人には「自分にはまだやることがある」という思いが必要なのです。そして、それを追求することにより、効力感が回復し、否定的感情から逃げずに自分の人生のハンドルを握れるようになるのです。

マクスウェル・マルツは、いみじくも次のように言っています。

「むなしく日々を送っている人には、目標がない。むなしいのは、毎日のできごとに関心がないからだ。もし自分は、なにごとにも無関心だと思うなら、それをのりこえることだ。「私の人生を意義あるものにしよう。大切な時間を無駄にはしないぞ。目標をたてて、貴重なこの人生を有意義にすごすのだ」と。

そして紙と鉛筆を用意する。目標を一つ考えて、それを書くのだ。そうしたら、それについて判断を加える。「自分にとって意義あるものか、この目標は達成可能か、少しは達成の可能性があるか」と。そして自分の人生の目標が見つかるまで、目標を書き続け、考え続けるのだ」

ピグマリオン効果

◆プラスの期待、マイナスの期待

ギリシャ神話に出てくる彫刻家のピグマリオンは、自分の彫った女性の像があまりに美しかったので、その彫刻像に恋をしてしまいました。愛の女神は、彼の愛を認め、その彫刻像に命を与えました。

この神話をモチーフにして、バーナード・ショーは戯曲『ピグマリオン』を創作し、これがさらにミュージカル『マイ・フェア・レディ』の基礎になりました。

この劇のなかで、ヒギンズ教授は、教養のない貧しい花売り娘のイライザを貴婦人のように扱い、本物の貴婦人に変身させたのです。劇中でイライザは、ヒギンズ教授の友人に次のように語っています。

「本当に、服装や言葉づかいなどの誰でもわかるような違いはともかくとして、貴婦人と花売り娘の違いは、その振る舞いかたではなく、周りの人々の扱い方なんです。ヒギンズ教授にとって私はいつまでたっても花売り娘。教授はいつも私を花売り娘としてしか扱わないし、これからもずっとそうでしょう。でもあなたの前では私は貴婦人になれるわ。なぜなら、あなたはいつも私を貴婦人のように扱ってくれるし、これからもずっとそうだと思うから」

ピグマリオンの神話は、さまざまな形に変えられて語られています。だがその底辺には、いずれも同じモチーフ、即ち「人の行為は、相手の人の期待度を反映する…」が流れています。

私たちは、周囲の人々に対して「期待」ということを通じて大きな影響を与えています。それは多くの場合、人は期待されるとその期待に応えようとして行動するからです。私たちのもつ期待（プラスの期待、マイナスの期待）そのものが、その人の内面に大きな影響を与えて、その人の行動や振る舞いを変えていくのです。

◆教室のピグマリオン

医療の現場では、医師がその患者の病気は必ず治ると期待すると、回復が早まるという説が、今では広く認められています。教育現場においては、「期待がもつ教育的効果」について、多くの報告書が出ています。その一つに、アメリカのローゼンタールが発表した「教室のピグマリオン」があります。

ローゼンタールは「教師の期待度によって子供の成績がどう変わるか」について次のような形で実験しました。

まず無作為に二〇％の生徒（小学生）を抽出し、普通の知能テストを実施します。そのあとで担任の先生に「先生にだけテストの結果、将来伸びそうな子供の名前を教えましょう」と、にせの情報を流します。すると先生はその情報を信じ、実際の能力とはまったく無関係であるにもかかわらず、その生徒たちの「才能」に期待を寄せるようになりました。それから一年後、再び知能テストを実施したところ、その子供たちの知能指数は、そうでない子供たちに比べて、明らかに上がっていたのです。しかもテストの結果だけでなく、学習意欲も向上していたといいます。

◆企業におけるピグマリオン効果

それでは、企業の現場ではどのようなことが言えるでしょうか？

組織の中では「管理者が部下の能力を信じ、その仕事ぶりを評価して期待をかければ、部下は仕事にやりがいを感じ能率も上がるようになる」ということです。というのも部下の業績というのは、部下自身がどのような自己イメージをもつかによって、大きく影響されるからです。自己イメージは、その人の能力に枠をはめます。人は自分にできると思ったことしかできませんので、部下の自己イメージを拡大することができれば、それだけ部下の能力も向上することが期待できるわけです。

このような期待のもつ効果のことを「ピグマリオン効果」と呼んでいます。

私たちはこの効果のことを過小評価してはなりません。他の人に、特に子供に対して、私たちは否定的なピグマリオンになっていないでしょうか？　私たちは肯定的なピグマリオンにならなければなりません。

◆自分自身に何を期待するか

ところで、ピグマリオン効果は、主として他人への期待の効果をいいますが、ここではもう少し広くとらえ、自分への期待も含めてみたいと思います。というのも人は「まわりから何を期待されるか」ということと同時に「自分自身に何を期待するか」によって、ものごとの達成度が違ってくるからです。

ここでは次の順序で、自尊心との関係を論じてみようと思います。

（一）自己対話…自分への期待
（二）他人へのフィードバック…他人への期待
（三）自尊心と期待度（ピグマリオン効果）

まず、自己対話との関係からみてみましょう。

私たちは、自分があることをして成功したり、失敗したりしたとき、通常次のような自己対話をおこなっています。

That's like me.（それは自分らしい）

That's not like me.（それは自分らしくない）

このようなとき、自尊心の高い人と低い人では、どのような違いがあるのでしょうか？

自尊心の高い人は、うまくいったときは「これは自分らしい、さすが自分だ」と心のなかでほめます。また失敗したときは「これは自分らしくない、次回にはきっとうまくやって見せるぞ」と、自分に期待を込めた肯定的な自己対話をおこないます。

一方、自尊心の低い人は、うまくいったときには「これは自分らしくない、まぐれだ」といって自分の成果を認めようとしません。また失敗したときには「これは自分らしい、やはりうまくいかなかった」と、否定的に自己対話をしているのです。

このような自己対話が、「悪い自己イメージの形成」につながっていることは、明らかです。私たちに必要なのは、自尊心が高い人がする自己対話であり、自分に期待することが必要なのです。

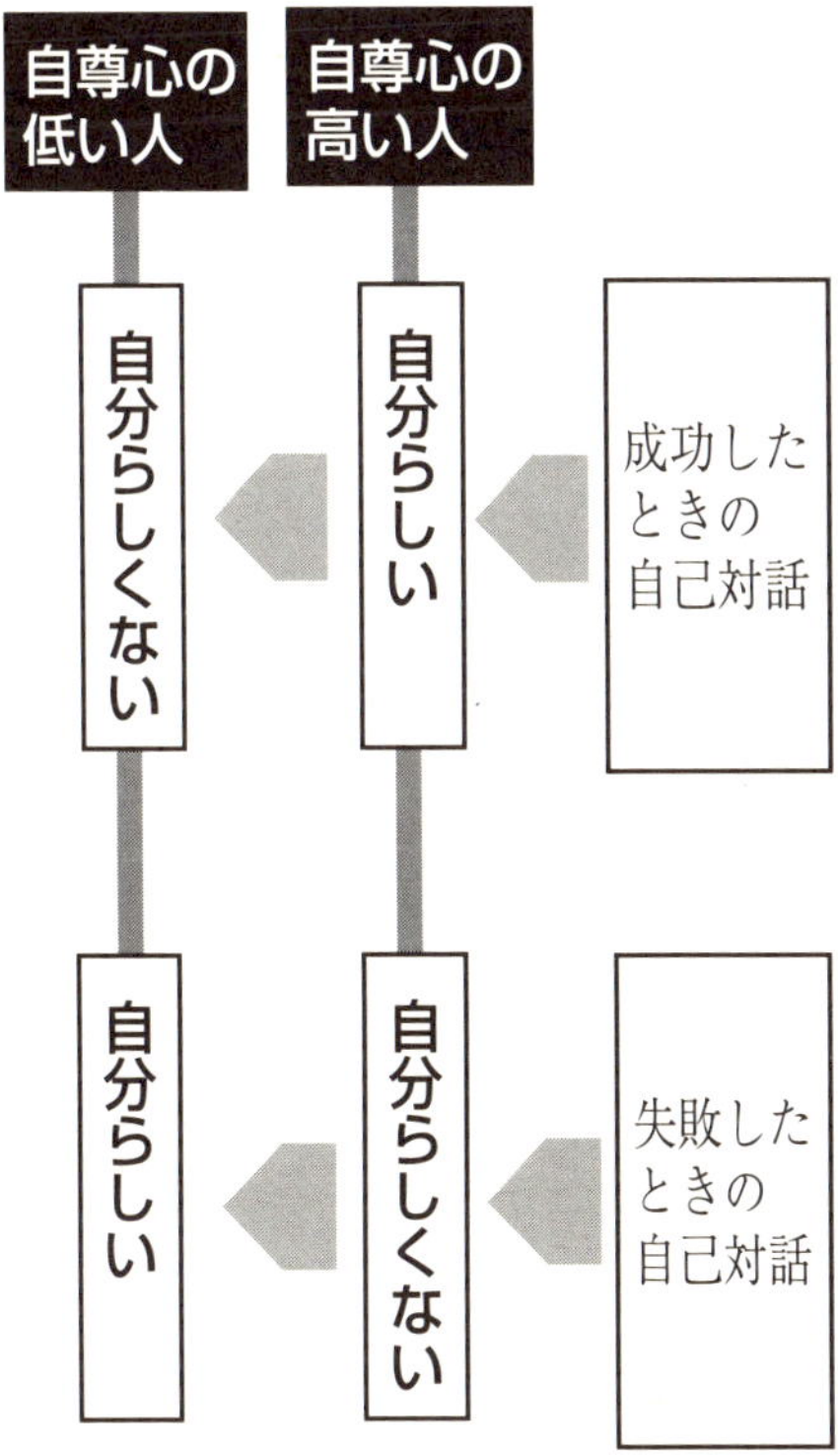

◆ **肯定的なフィードバック、否定的なフィードバック**

次に、他人へのフィードバックについて見てみましょう。私たちは、他人が成功

	自尊心の高い人	自尊心の低い人
成功したときの自己対話	自分らしい	自分らしくない
失敗したときの自己対話	自分らしくない	自分らしい

したり、失敗したりしたとき、通常次のようなフィードバックを行っています（自己対話との違いはｍｅをｙｏｕに置き換えるだけです）。

That's like you.（それはあなたらしい）

That's not like you.（それはあなたらしくない）

ここでも自尊心の高い人と低い人では、自己対話と同じような違いがみられます。即ち、自尊心の高い人は、他人がうまくやったときには「よくやった、さすがあなただ」と、素直にほめます。また失敗したときには、「あなたらしくない。あなたはもっとできる人だ、次回にはきっとうまくやれるよ」と励ます言葉でフィードバックを行います。

一方、自尊心の低い人は、他人がうまくやったときには「あなたらしくない、まぐれだ」と、皮肉をこめたフィードバックを行います。そして他人が失敗したときには「あなたらしい、思った通りだ」と、ここでも否定的なフィードバックを行います。それが意図的かどうかは別にしても、本人にはつらい思いをさせることになるのです。

このようなフィードバックが、悪い自己イメージの形成につながることは自己対話の場合と同じです。私たちに必要なのは、「自尊心の高い人のするフィードバック」であり、「他人に期待する」ことが必要なのです。

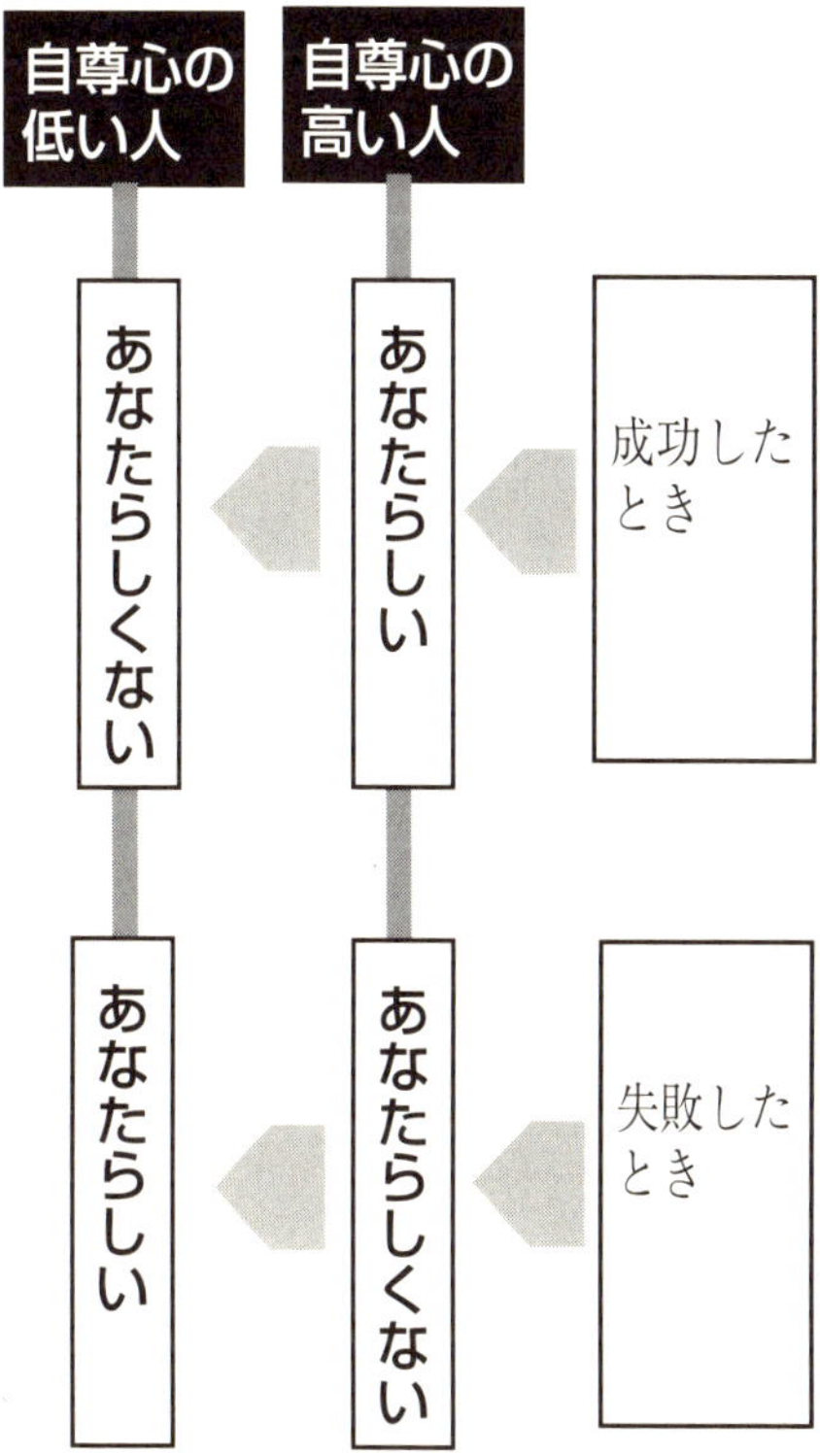

次に、これまで別々に見てきた「自尊心と期待度（ピグマリオン効果）」を関連づけてみましょう。そうすると、次のような興味深い関係が見えてきます。

この表から読みとれることは、私たちに必要なのは、まずしっかりした自尊心をもつこと、そして（自分自身と他人に）期待することです。この二つの条件がそろってはじめて人生の勝利者（成功者）が生まれるのです。どちらかの条件が欠ける（低い）と、勝利者になるにはむずかしく、不満足な人生を送ることになります。

とくに日本では、子供の自尊心を育てないまま親が高い期待をする傾向がありま

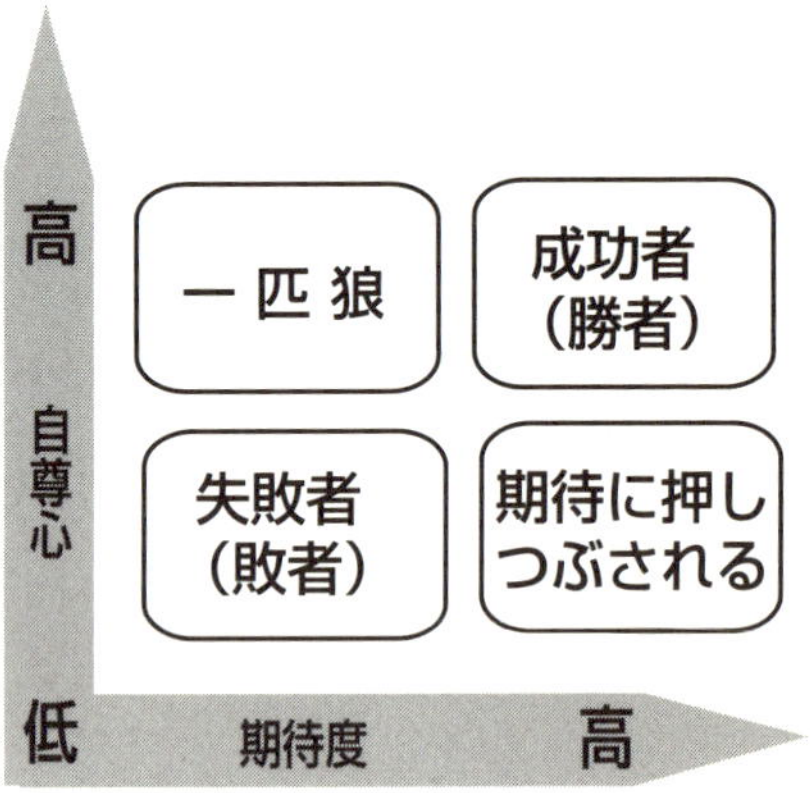

自尊心と期待度の関係

すから、子供は親の過大な期待に押しつぶされるか、敗者（失敗者）の仲間入りをすることになります。

このように考えると、これはたんに子供だけの問題ではありません。被害者はむしろ子供のほうであり、善意の親が子供を追い込んでしまっているのです。子供は親に反論できないために、親の前では「いい子」になりますが、親の期待を負担に感じて、それに応えられない自分を責めるのです。その意味でこれは親の問題です。子供に期待する前に「自尊心の高い子供に育てたか？」と自問する必要があります。そしてさらに、親や教師自身が、この問題についてしっかりと勉強する必要があります。

最後に、これまで述べてきた自尊心、自己効力感（自負心）、無力感などの関係を図示すると、次のようになります。

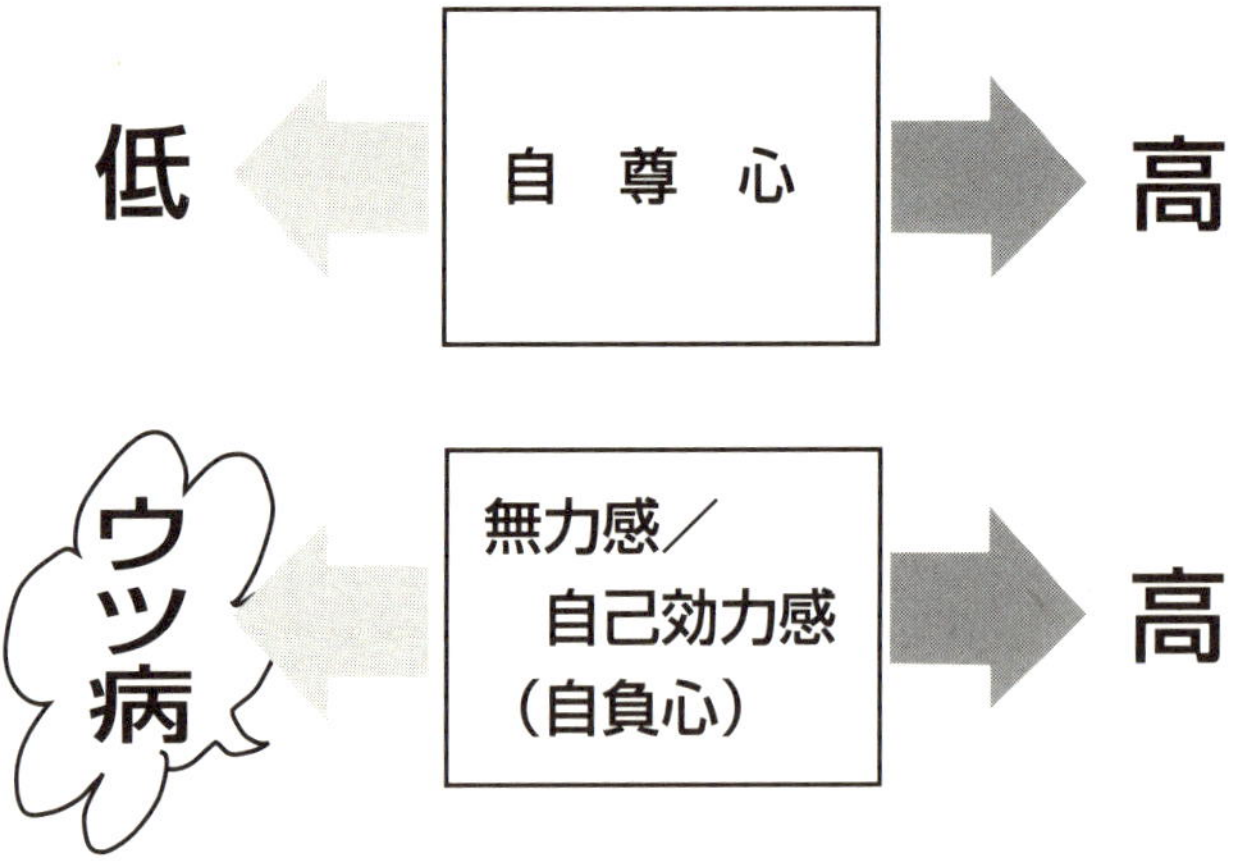

自尊心と無力感、自己効力感の関係

第Ⅱ章

成功と失敗の分かれ道

成功も失敗も脳の働き
―成功は成功の母、失敗は失敗の母―

◆まず、成功事例を思い出せ

人は、自分が経験したことはすべて潜在意識のなかに記憶しています（思い出せるかどうかは別として）。そして、何かをやろうとするときは、必ず過去の記憶のなかから、同じようなことがあったかどうかを思い出し、これからやろうとすることに照らして類推し、決断します。

そのとき成功した事例を思い出せば、今度もうまくいくだろうと思って実行します。そうすると、過去に成功したときの脳の働きが再現されて成功するのです。

たとえば、野球のキャッチボールをしているとしましょう。私たちは、わけなく相手の投げたボールをグローブでキャッチすることができます。しかし、はじめからそうだったわけではありません。小さい頃は何度も何度もボールを落としていたはずです。だがそのうちに、うまく捕球できるようになり、できなかった時のことはすっかり忘れ、うまくいった時のことだけが、脳の神経細胞に記録されていくのです。そうして、今ではごく自然にキャッチボールができるようになったのです。

このように、私たちの脳のなかには、目標（この場合はボールを捕球すること）を定めれば、その達成に導いてくれるメカニズムがあるのです。したがって、過去の成功を思い出せば、また成功するだろうと思えるのです。そして成功体験を積み重ねることによって自信が築かれます。これは成功のメカニズムがはたらいて成功するからです。これが「成功は成功の母」と言われる現象です。「成功したい」という顕在意識の思いと、「成功するだろう」という潜在意識のイメージが一致し、目標が実現できるわけです。

ところが、思い出す事例が失敗の場合は、潜在意識で「今度もうまくいかないかも知れない」「また失敗するのではないか」と思って、失敗のイメージをもちます。すると、過去に失敗したときの脳の働きが進行して失敗してしまうのです。これが「失敗は失敗の母」と言われる現象です。

たとえば、ゴルフをプレイしていて池越えのショートホールに回ってきたとしましょう。

ティーグラウンドに立って、ボールを打つ前に過去に何回も池に打ち込んだことを思い出すと、いくら「ピンそばにワンオンしたい」と思っても、無意識のうちにまたそれを再現するものです。潜在意識はちゃんとグリップ、スタンスおよびスウィングなどを調整し、ものの見事にボールを池に打ち込んでくれます。目的を果たすための方法を、いちいち意識する必要はないのです。

即ち、顕在意識で成功したいと思っても、潜在意識が失敗のイメージをもてば、潜在意識が勝って失敗してしまうのです。

これらの関係を図式化すると次のようになります。

顕在意識	潜在意識	結　果
I will	I can	実現する
I will	I can't	実現しない

つまり、顕在意識のレベルでどんなに「こ

うしたい」「こうしなければならない」と思っても、潜在意識のレベルで「それは無理だ。失敗するかも知れない」と思ってしまえば、それを実現することはむずかしくなります。

◆顕在意識と潜在意識の密接な関係

エミール・クーエは、『自己暗示』のなかで、このことを「想像力（潜在意識）と意志（顕在意識）が相争うとき、勝負はつねに潜在意識のほうである」（第一法則）といっています。そして、次のような例をあげて説明しています。

幅三〇センチ、厚さ五センチ、長さ一〇メートルの板を渡るとしましょう。この板を地面においた場合、誰でも「そんなものはわけないさ」といって渡ることでしょう。それでは、他の条件を同じにして、高さだけを大寺院の塔のてっぺんに引き上げたらどうでしょうか。たいていの人は「とんでもない」といって尻込みすることでしょう。また実際に渡ったとしたら、落ち

る確率は大変高くなるでしょう。

それは、潜在意識のレベルで、板から落ちることをイメージするからです。つまり、顕在意識で「落ちないように渡ろう」と思ったとき、潜在意識も同じように思わないかぎり、実現しないということです。

クーエは、潜在意識が顕在意識で思っていることを受け入れるとどうなるか、第二法則として次のように表現しています。

「意志（顕在意識）と想像力（潜在意識）が一致したときは、その力は和ではなく積となる」

したがって、とび職のように、その人が訓練を積んで渡れるようになれば、「落ちずに渡ろう」という意志を潜在意識も受け入れることができ、実際に落ちずに渡ることができます。

このように、顕在意識と潜在意識のベクトルが合うと、相乗効果が生じるのです。

◆鳥はなぜ、高い電線から落ちないのか

ここで面白い話を紹介しましょう。森政弘の『「非まじめ」思考法』にでてくる話です。

学生たちに「鳥は高い電線に止まっていて、なぜ落ちないのか」と聞いてみると、たいていは物理的な考え方をするのだそうです。「うまいことしっぽを操ったりしてバランスを取っているからだ…」と。

だが、森は次のような心理的な解釈をします。「きっと彼らは自分は飛べると思っているからだろう。たとい落ちても、飛べばいいわけだから、身体が固くならないから、落ちやしないんだ…」と。

人間だって高いところや棒の上など、とても歩けるものではない。しかし、低いところや地面でなら、わけはない。高いところで歩けないのは、恐怖心があるからである。

このような極端な例でなくても、私たちが何か新しいことをやり始めるときには、上手にできることなど、ほとんど期待できません。ピアノのレッスンも、自転車に乗ることも、ワープロの操作を覚えることもみな同じです。初めはすべてを意識的に行わなければなりません。また、これらのことをうまくやるためには、一度に色々な動作をしなければなりません。しかし、意識してできるのは一度に一つだけですから、動作はチグハグになってしまいます。それでも練習を重ねてゆくにつれだんだん易しくなり、ついには、それを意識しないで（無意識のうちに）できるようになります。これが潜在意識的行動と呼ばれるものです。「習うより慣れる」とか「身体で覚える」といわれるものです。

慣れないうちは、一つひとつの手順を考えながらやらなければならなかった作業も、慣れると、いちいち考えなくてもやれるようになるのです。

このプロセスは脳の自然なはたらきといえます。もし、うまくいかないとしたら、その脳のはたらきを阻害する力が働いているということです。

ところで、世の中はそう簡単に割り切れないものです。

失敗を重ねた人が成功することもあるし、成功を積み重ねた人が失敗することもよく見られる現象です。

これをどのように説明できるのでしょうか。

失敗は成功の母

◆エジソンはあきらめなかったから成功した

日本では立志伝を書くとき、「七転び八起き」をストーリーにすることが、多いようです。大人なら誰でも、少年少女時代に偉人伝を読み、自分の将来像を重ね合わせながら、胸をときめかしただろうに違いありません。

私たちは失敗したとき、親や先生から「失敗は成功の母」という教訓を聞かされてきました。先人の生き方に励まされて、失敗しても「なにくそ」と思って頑張ったこともあるはずです。それでも結果は、成功することもあれば失敗することもあります。

この（失敗）場合、「もうだめだ」と思ってそこであきらめてしまうか、「今度はうまくやって見せるぞ」と思って、成功するまで頑張れるか…。ここが、長い目で見て「成功者と失敗者をわける分かれ道」になるのです。前者の態度を「悲観主義」といい、後者の態度を「楽観主義」といいます。

楽観主義は、失敗や挫折を経験しても「あきらめないで粘り強く目標を実現しよう」とする態度のことです。一方、悲観主義は挫折や失敗に会うと「もうダメだと思ってあきらめる」態度のことをいいます。

だれも「失敗したい」と思う人はいません。そのため、よく「失敗したくなかったら、なにもやらなければよい」と言い聞かされます。しかし、「なにもしないこと」にも「なにかをすること」と同程度の危険が伴うことに気づかなければなりません。

そして、この二つは区別して考える必要があります。何かをやって失敗する「遂行上の失敗」と、何もやらないで機会を逸する「無為の失敗」とでは、意味が違います。

しかし、どちらをとるにしても「失敗は避けられない」のです。

このとき楽観主義者は、一時的にはがっかりしても、「使えない方法が一つ見つかった。これは新しい方法を試してみよ、ということだ。今度こそ成功してみせるぞ」と失敗を教訓にしてしまいます。

あのエジソンは、このようにして電球ができない一八〇〇の方法を知ることができました。うまくいかなかったとき、それを失敗とは思わないで、新しい方法を考えたのです。

このタイプの人は、失敗を重ねることによって次第に成功に近づいていきます。そして、成功体験が増えるにしたがって失敗する気がしなくなり、成功体験を積み重ねるようになるのです。このような人は、失敗を糧にしてさらに大きな成功をつかみます。そして「成功―成功」の戦列に加わっていくのです。

◆できるセールスマンとだめなセールスマンの分かれ道

一方、悲観主義者は失敗を恐れますので、少しでもうまくいかないことがあると「これは自分が悪いのだ」と思ってしまいます。そして潜在意識から取りだすイメージは失敗ばかりで、顕在意識のレベルでどんなに成功したいと思っても、潜在意識のイメージ通り失敗してしまうのです。

たとえばどこの会社でも、セールスマンは新規市場や顧客の開拓にとり組みますが、途中であきらめることが多いのも事実です。

ある人から聞いた話によると、セールスマンがあきらめる訪問回数は、次のようになっているとのことです。

一回目　四八％　　二回目　二〇％
三回目　七％　　四回目　五％

つまり、八〇％のセールスマンは四回目の訪問であきらめてしまいます。

一方、新規市場または顧客を獲得できた訪問回数は、四・七回となっています。
つまり、あと一回の訪問ができないために、顧客を逃がしているのです。

どこであきらめる人が悲観主義者か、とは一概にいえませんが、断られたとき「もう駄目だ」と思って訪問しなくなったことだけは確かです。そしてそのときの自己対話が「やっぱり駄目だったか、いつもこうなんだから。自分の説明では誰も買ってくれない」という内容のものだったら、その人は間違いなく悲観主義者です。そして、こういう人は早くから目標への挑戦をあきらめてしまうのです。

そして、このようなことがたび重なると、今度は「自分は駄目な人間だ」と思うようになってしまうのです。

これが、悲観主義のこわいところです。

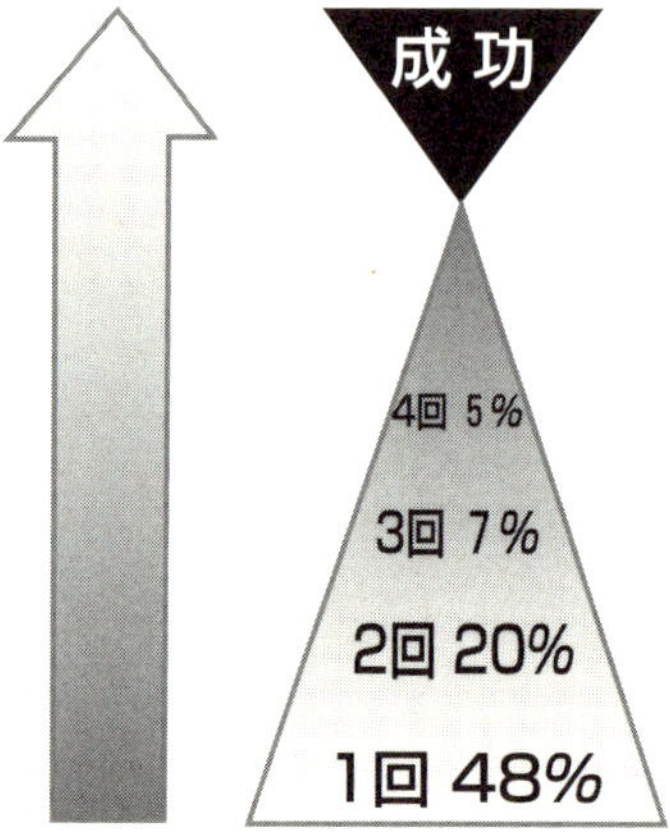

訪問回数と顧客獲得の関係

成功は失敗の母

◆自己イメージとマンネリ現象（快適ゾーン）

心理学上では、これは一般的な法則ではありません。つまり、前に述べたように、「成功は成功の母」が一般的であり、潜在意識のなかに成功のイメージがある人は成功するからです。

ところが、人間は「慣れの動物」です。成功し続けていると、それが当たり前になり、行動も習慣的になり、何の疑いもなく今まで通りの行動をとろうとします。そして、変化にたいして抵抗します。つまり、ひとの心のなかに「快適ゾーン」という居心地のよい領域ができあがって、そこから出ていこうとしなくなるということです。

一つ例を挙げてみましょう。

月平均四件の保険を売るセールスマンの話です。このセールスマンは、過去何年もだいたいこのペースで保険を販売してきましたから、これが自分の実力だ（自己イメージ）と思っています。この人は、月の三週目までに一件も売れないときがあると、最後の週には四件売るためにがむしゃらに頑張るでしょう。

しかし一方で、一週目に四件売れてしまうと、「快適ゾーン」のせいで、二週目以降はペースを落としてしまいます。そのままのペースで月一六件売るのは「自分らしくない」と思うからです。それでも六件売れた場合には、セールスマンは出来すぎだと思い、二件を翌月に回すことになります。そして翌月は、新規の二件と繰り越しの二件で、合計四件とするのです。

これらの関係を図示すると、次のような図になります。

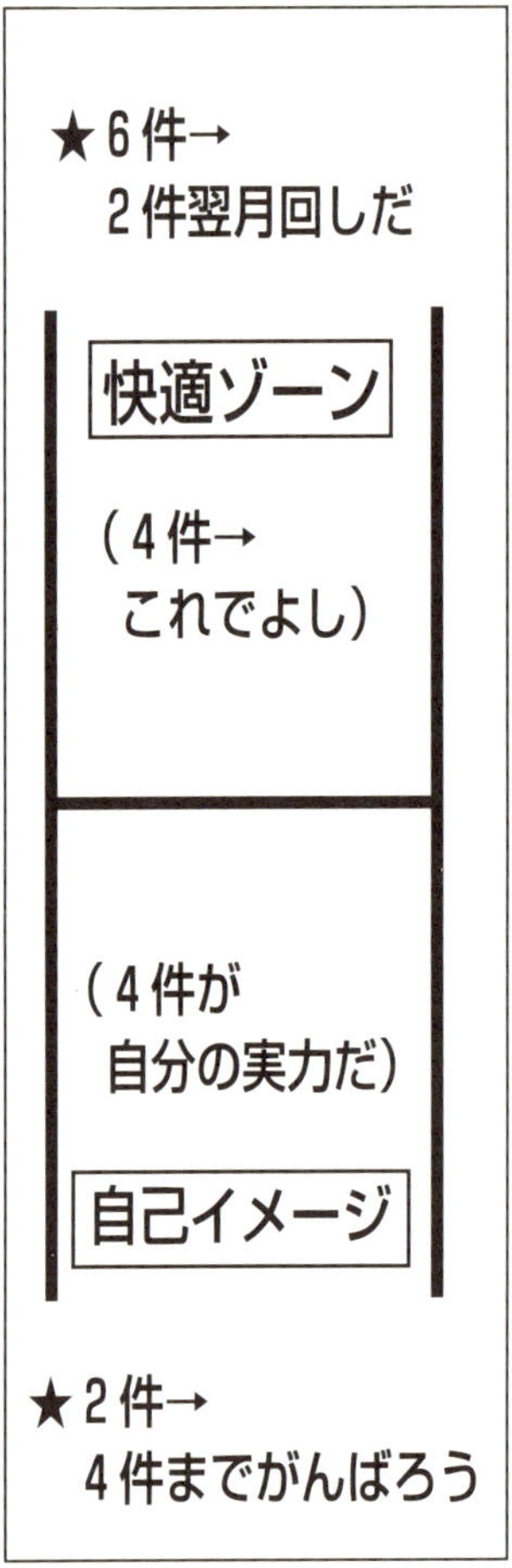

これはちょうど、ゴルフにおけるハンディキャップと同じような働きをします。則ち、ホールごとには好不調の波があっても、終わってみるとハンディキャップどおりの（自己イメージどおりの）スコアになってしまうということです。

つまるところ、自己イメージ以下の成果しか上がらないときは、快適ゾーンにもどるまで普段以上の努力をし、逆に自己イメージ以上の成果が上がってしまうと、快適ゾーンにもどるまで「自己イメージ」のほうが行動にブレーキをかけてしまうということなのです。

「快適ゾーンは自己イメージと一致」します。

自己イメージ通りに行動すれば、その人には快適で居心地がよいため、その領域にとどまろうとします。その中にいるかぎり、自分が何をしているか、あまり考える必要がありません。当然、無意識のうちに行動できるのですから、こんなに楽なことはありません。

これが世に言う「マンネリ現象」です。企業でいえば大企業病の正体です。

あなたの周囲で、能力がありながらそれを発揮していないと思われる人の顔を思い浮かべて、その人の名前を書いてみてください。そして、なぜそうなのか理由を三つ書いてみてください。

大抵は、次のような範疇に入るはずです。

Habit: 昔ながらの習慣に頼り、新しいことを避ける
Attitude: 目標や課題に対して消極的になり、できない理由を探そうとする態度
Belief: 努力している限り、成果が上がらなくても仕方がないという考え方
Expectation: 自分への低い期待感（低い自己イメージ）

これらは「現状維持型の典型的なタイプ」です。

現状維持型の人が多い組織は、今までのやり方に固執して変化についていけず、沈滞ムードが漂い、業績も良くない…というのが一般的です。

また「現状維持型の企業」では、仕事に臨む態度はみな同じだという前提にたって、「現状維持型の人々」に管理技法、販売話法、ＱＣ技法、パソコン操作などの業務知識や技術的なことを教え、業績の向上を図ろうとします。これらスキル研修は目には見えますが、前述のような態度を変えることはできません。そして、考え方や態度を変えない限り「業績の向上」も望めません。

◆釜ゆでのカエル

前述のような習慣的な行動は、「環境が一定で変化しないとき」は効果的ですが、「環境が変化しているとき」には、かえって非効率的になります。

環境は「スピードの差こそあれすべて変化しており、それを止めることはできない」のです。それどころか、何もかも変化のスピードを早めている昨今には、せっかく手に入れたスキルをも陳腐化させてしまいます。

ですから快適ゾーンの中にいて、新しいことをやろうとしない態度をとるかぎり、世の中の変化にはついていけないのです。これが「過去に成功しているが故に失敗する」というパラドックスです。


マクスウェル・マルツは、このことを「釜ゆでのカエル」として次のように表現しています。

カエルを使ったある科学実験で、生きているカエルを水のはいった水槽に入れて、その水を徐々に熱くしていくというものがあった。

問題は、カエルが、どんどん温度が上がっていくという危険を察知し、驚いて水槽から飛び出し命拾いするのはいつか、ということだ。

徐々に熱くなった。少しずつ少しずつ熱くなっていった。だが、あまりにも少しずつ熱が加えられたため、カエルたちはそれに気がつかなかった。逃げようと試みることもなく、カエルたちは釜ゆでにされ死んでしまった。つまり、温度の上昇があまりにもゆっくりだったために、カエルは同じ水温のように感じ、それに「慣れて」しまったのだ。

このような現象は、個人でも組織でもよく見られる現象です。

これを避けるには、現状に満足することなく「環境の変化を止められないとしたら、自分自身が変化せざるを得ない」ということに気づき、「快適ゾーンから出ていこう」と努力することです。即ち、快適ゾーンの外側の不慣れな領域に思い切って踏み込む勇気が必要だということです。

これは、別な言い方をすれば、「過去の成功体験からの脱却（アンラーニング）」ということになります。一度成功すると、ついついそれが続くものと思ってしまいがちで、その成功体験から脱却できなかったために失敗した例は、いくらでもあります。

・機械式にこだわったため、日本のクォーツ時計にシェアを奪われたスイスの時計業界
・大型コンピュータにこだわったため、パソコンの進出に遅れをとり、大幅にシェアダウンしたＩＢＭ
・β方式にこだわったため、ＶＨＳ方式とのたたかいに破れたソニー

これらの例は、いずれもそれぞれの業界で圧倒的なシェアを誇っていただけに、その凋落ぶりも印象的です。

それでは、どの方向にどうやって出ていけばよいのか…。これが次の課題となります。

変化に対する人間の反応

◆認知的不協和について

私たちは「変化は避けられない」ということは認めようとしますが、「自分が変化する」ことには抵抗します。それは「変化」は主として自分の外で起こりますが、「変化の対応のための変化」は、自分の身にふりかかってくることを知っているからです。

人は「基本的に変化を嫌がる」ものです。自分の習慣や行動様式を変えることに対して抵抗します。

心理学ではこれを「認識の不協和（認知的不協和）」とよんでいます。簡単に言えば「人は、一度に一つのことしか考えることができないので、すでに身についている信念や習慣がおびやかされそうになると、心理的に抵抗してしまう」ということです。

この「変化することへの抵抗」は、私たちに大きなフラストレーションをもたらします。とくに外部からの強制に対しては、必ず強い抵抗を示します。押されれば押し返そうとする潜在意識のはたらきを「プッシュ―プッシュバック法則」といいます。

◆変化にたいする抵抗

変化することへの抵抗は、一般的に次のような形をとります。

・今のままで充分だ。自分はいつでも一生懸命にやってきた。いったいどこが悪いというのだ。
・どうしても変わる必要があるなら、まず環境（状況）を変えるべきだ。
・どうしても変わる必要があるなら、まず他の人を変えてくれ。

このようにして人は自分が変わろうとしないで、自分以外のものが変わることを希望し、自分の快適ゾーンに逃げ込もうとするのです。

しかし、それでは何も変わりません。

なぜそうなるのか、まず環境を変えることからみて見ましょう。

何かまずいことが起こったとき、環境を変える一番手ッ取り早い方法は、「そこから逃げ出すこと」です。会社が嫌になったらやめるのです。夫婦仲がうまくいかなければ離婚することです。学校が嫌になったら転校または中退することです。これが一番易しく見える方法です。

しかしほとんどの場合、このやりかたは根本的な解決になりえず、最善の方法とはいえません。なぜなら別のところで、また同じ問題が起こってくるからです。

では、「他人を変えること」はどうでしょうか？　この方法も理にかなっているようにみえます。特に自分が正しい、他人が間違っている、と見えるときは、なおさらです。そのとき私たちは、

・どうして・・・してくれないのだ。もっと私の言うことを聞いて欲しい。
・あなたが・・・してくれれば、うまくいったのに。

などと言って、ひたすら他人が変わることを期待します。

これは個人だけに限りません。企業でも、同じことがいえるでしょう。

たとえば、企業のトップから研修の相談を受けると、必ずといってよいほど「社員を教育して会社を変えて欲しい」と言い、決して自らは変わろうとしません。

これは、おかしなことです。というのは、トップというのは過去の成功体験を一番体現している人で、だからこそトップまで登りつめているのです。ということは、その企業の快適ゾーンをつくり出してきたのもトップだということです。

その人が変わろうともせず「皆さんの意識改革によって、この難局を乗り切りましょう」といくら訴えたところで、おのずと限界があります。また、そのような人に限って、危機感をあおり社員にハッパをかけますが、危機感をあおるだけでどこへ向かって行けばよいのかを明確に示さないのが普通です。

まず「トップが変わらなければならない」のです。

◆自分が変わると周囲が変わる――快適ゾーンからの脱却――

いずれにしても共通しているのは、「他人が変わることで、変化を切り抜けようとする」ことです。しかしみんな「自分は変わる必要はない」と思っているのですから、誰も変わる人はいないのです。

結局は「自分が変わる」必要があるのです。不公平かもしれませんが、自分が変わることが一番効果的なのです。自分が変わることで周囲が変わってくるのです。

変わって欲しかった相手も変わってきます。環境も変化します。
勇気をもって快適ゾーンから抜け出すことを考えましょう。

それでは、どのようにして「快適ゾーンから出て行く」のでしょうか。
かけ声だけではダメです。努力だけでもダメです。
まず「自己イメージを変える」必要があります。

私たちは自己イメージのはたらきで、自分らしく振る舞えることを学びました。自己イメージに合うことは、なにごとも簡単にできます。一方、自己イメージに合わない行為はぎこちなく、居心地の悪いものとなります。

私たちの周囲で、普段はうまくやれるのに本番では実力を発揮できないという人をよく見かけます。意欲（顕在意識）もあり、身に付いた技術（潜在意識）もあり、うまくやれる条件は備わっていながらも、なぜか本番ではうまくいかない人です。

それは、自己イメージが小さく、まだ自分がうまくやれることを潜在意識のレベルで信じていないせいなのです。

よい成績をあげるためには「自己イメージの改善」が必要なのです。そのための概念図をイメージすると、次のようになります。

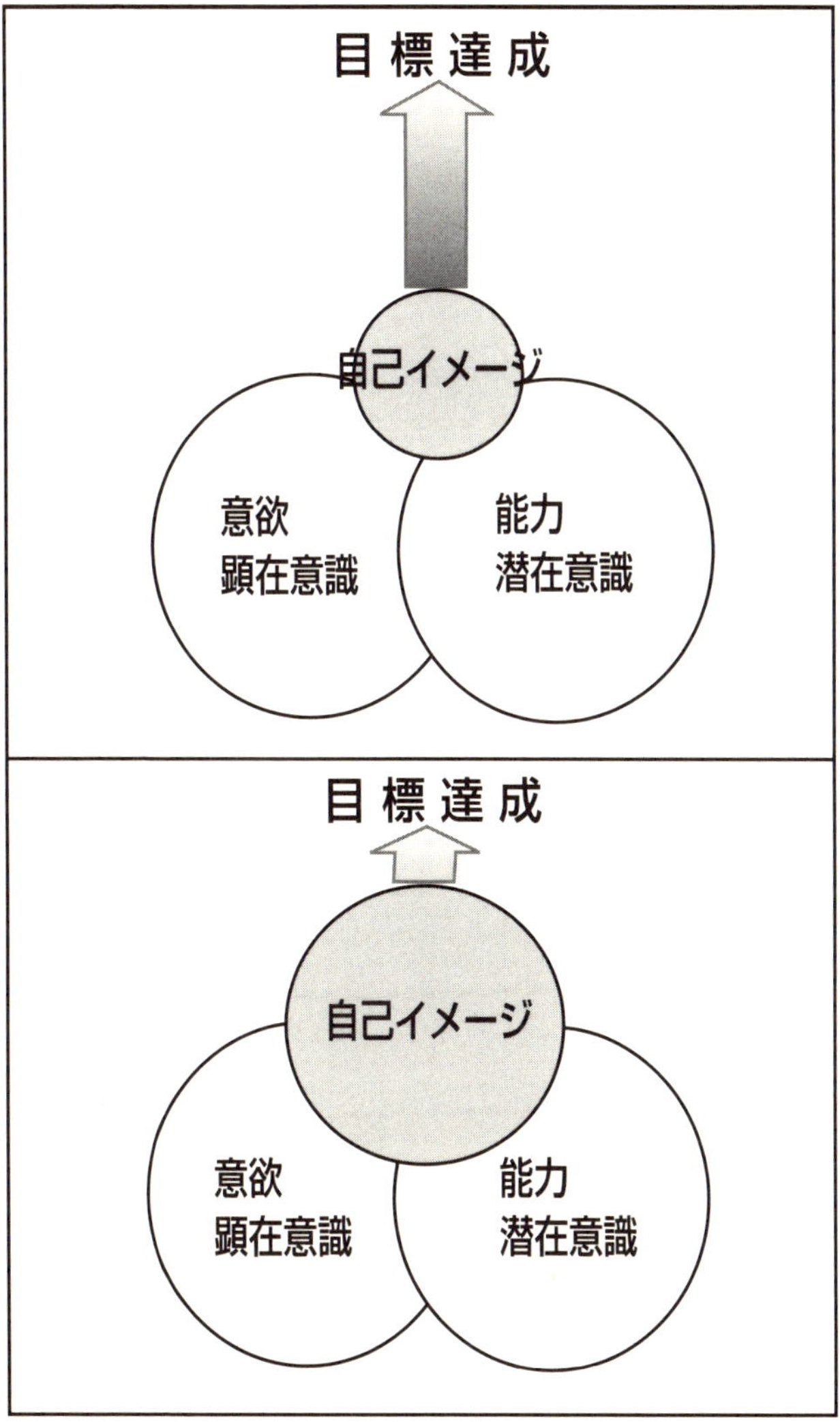

◆メンタルトレーニング

以上のことからも、スポーツにおける「メンタルトレーニングの必要性」が理解できると思います。

これまで我が国では、特訓といって、身体に技術を覚えさせる習慣性のハードトレーニングに主力においてきました。しかし、もうそろそろ発想の転換を図ってもよいのではないでしょうか。

「技術（習慣）」が身につけば、あとは大きな試合などでその技術を思い通り発揮している「自己イメージをつくる」必要があるのです。それを選手一人ひとりの「潜在意識に刷り込むこと」、それこそメンタルトレーニングの中心におくべき課題だといえます。

◆CHANGとCHANCE

第一章で、自己イメージは時とともに変化すること、そしてその内容は、自己対話または他人の評価を受け入れることでつくられるものである、ということを学びました。

今の現実よりも高いところに自分のありたい目標を設定し、それを達成した状態をごく当たり前のことのようにイメージできれば、わたしたちの自己イメージは変化したことになります。

しかし、快適ゾーンにいるかぎり、人は変化から逃避し、変化のなかに潜んでいるチャンスを見逃がしてしまうのです。それでいて、「チャンスがあればできるのに」と、もっともらしい言い訳で自分を納得させているのです。

でもチャンスは向こうからやってきてくれるものではありません。自分がつかむものです。

次の二つの言葉を、よく見てください。

CHANGE

CHANCE

これらの言葉のちがいは、「G」と「C」だけです。「G」から「T」を取れば、「C」になります。「T」は、「Threat（脅威、不安）」という意味です。

即ち、変化から脅威・不安を取り去されば、「チャンス」になります。それでも、人は「失敗の不安」が先に立ち、チャンスをつかもうとしないのです。

◆あなたは、ゆでカエル型？　レーダー型？　ジャイロスコープ型？

一般に、変化に対してどのように対応するかによって、人は三種類に分けられます。

第一のグループは、変化を嫌がって自分の領域に入り込んでしまうタイプです。快適ゾーンに逃げ込んでそこから出てこようとしません。しかし、これでは「ゆでカエル」になってしまうことはすでに見た通りです。

第二のグループは、変化そのものについていこうとするタイプ（レーダー型）です。そして第三のグループは、変化の早さと方向を見極めたうえで目標を設定し、軸を動かさないでその方向に向かおうとするタイプ（ジャイロスコープ型＝羅針盤型）です。

レーダー型は、常に環境の変化の方向にアンテナを向けており、その変化がどんなに激しくても、負けずに自分もそれについて行こうと頑張ります。彼らにとって、人生はつねに時間とのたたかいです。しかし、かれらは状況をコントロールできません。ただ、変化への対応に追われているだけです。そして、エネルギーを使い果たしてダウンしてしまいます。

ジャイロスコープ型は、変化そのものにはついていこうとしません。将来のある時点においてどのように環境が変化しているかを想定し、そこにあるべき目標を設定します。したがって目は常に将来の一点を見つめています。そして、その方向に向けて努力しますが、途中でのプロセスでは、常に軌道修正を繰り返します。

このやり方は、指針となる目標をどのようにして設定するかが問題となります。私たちも、このやり方を身につけましょう。

◆「あるべき姿」を明確にすること

では、現在、多くの企業が採用している「指針となる目標設定のたてかた」にはどんなものがあるでしょうか？　少し説明してみましょう。

一般的に企業では、中長期目標を設定する場合、現状を分析することからスタートします。過去から現在までの売上げ推移や商品別の売上げ、マーケット・シェアなど、現状のデータを積み上げ、過去からの伸び率を考慮にいれてその延長線上に目標設定します。

ところがこのやり方では、環境が変化するとすぐに目標の修正が必要になります。そしてもっと抜本的な発想の転換が求められることになります。さらには目標の修正をしているうちに、元の計画はどれだったのか、わからなくなってしまうこともあります。

もちろん、現状分析が不要だといっているのではありません。そうではなくて、発想の原点を将来の「あるべき姿」におくことが大事だといいたいのです。

現在が〇〇な状態だから××ならできるという発想ではなく、「こうありたい」という将来像から現状を振り返ってほしいのです。

まずは「はじめに目標（ビジョン）ありき」で、経営課題を解決した理想的な姿を描くことを先決としてください。そしてそこから現状を振り返り、現在とビジョンとのギャップを埋めるためにはなにが必要か、どうすればよいかを発想します。

それが「計画」になるのです。そして次のステップとして「計画策定」にはいります。順序からいえば、ビジョンが先にきて、計画がその後に続くのです。

「ビジョンは、向かうべき方向」を示し、「計画は、そこにたどりつくための方法論」となります。その意味で、両者は相互に不可分の関係にあります。計画のないビジョンは単なる夢想にすぎません。また、ビジョンのない計画は、どこに向かうのかはっきりしないものになってしまいます。

こうして生まれた発想は、ある程度時間が経過しても、また環境が変わっても大きくゆらぐことはありません。

これは「ビジョン志向の考え方」であり、変化の激しいこれからの経営に求められるものといえましょう。

第Ⅲ章

潜在意識と可能性

潜在意識のコントロール

◆思っただけでは実現しない

「自分のやりたいことを実現する」には、潜在意識のなかにイメージを植え付ける以外に方法はありません。しかし潜在意識は、顕在意識を通じてしかコンタクトできないのです。したがって、まず顕在意識で自分のやりたいことを強く意識しなければなりません。ところが当たり前のことですが、潜在意識に嘘は通用しません。顕在意識で強く思うだけでは潜在意識は受け入れてくれません。そんなに容易に手なずけることはできないのです。

古来より成功の法則として、「思ったことは実現する」「良いことを思えば良いことが起きる。悪いことを思えば悪いことが起きる」と語り継がれてきました。これらを信じるかどうかは別ですが、このままでは真実の半分しか伝えきれていません。思わないと実現しませんが、思っただけでは実現しないのです。思っただけで都合よく望みがかなうなら誰も苦労はしないもの、どんなに強く思ってもその通りにならないから、人生はままならないのです。

たとえば、二〇年間毎日三〇本タバコを吸い続けてきて何回も禁煙の誓いをたて、そのつど失敗してきた人が「今度こそ禁煙してみせるぞ」と決心したとしましょう。この人は、潜在意識に「自分はいつも中途半端に物事を投げ出すくせがある」という自己イメージをもっています。したがって、顕在意識レベルでどんなに意欲をもってしても、潜在意識は「どうせそのうちに投げ出すだろう」と思ってしまうのです。そして「潜在意識と顕在意識が相争うときは、必ず潜在意識が勝つ」の法則どおり、潜在意識のイメージ通りになってしまうのです。

◆成功の法則

それでは前述の「残り半分の条件」とはなんでしょうか。それはもう明らかなことですが、顕在意識で考えていることを潜在意識に（受け入れさせる）ことです。

そこで、成功法則は次のように書き直す必要があります。

「良いことを思い、それを潜在意識が受け入れれば良いことが起こる。悪いことを思い、それを潜在意識が受け入れれば悪いことが起きる」

◆潜在意識とホルモン

そればかりではありません。近年、脳生理学的に「思いの内容」と「ホルモン

（神経伝達物質）」には関係があることが、明らかになってきました。

私たちのこころをつくるのは「ホルモン」という物質です。正確にいえば、神経伝達物質という脳のホルモン作用が、人のこころのはたらきを支配しています。人はホルモンによって愛し、ホルモンでやる気を出し、喜び、怒り、悲しみに沈むのです。

脳は快・不快や怒り、恐怖などの情動に応じてホルモンを分泌していますが、「良いことを思うと、脳からベータ・エンドルフィンやドーパミンなどの良いホルモンが出る。悪いことを思うと、ノルアドレナリンなどの悪いホルモンが出る」といわれています。そして良いホルモンは、人の心に快感をもたらし、やる気を起こさせます。一方、悪いホルモンは一概には言えませんが、人を緊張させ活動的にしますが、強い毒性をもっていて過剰に分泌されると病気になり、老化を早めると言われています。

したがって、できるだけ「プラス思考を心がける」ことで、良いホルモンを分泌させ、こころを「ハイの状態」にすることができるのです。とくに落ち込んでいるときには、過去の体験のなかから「良かったときのこと」を思い浮かべます。昔からよく言われるように、「気のもちようで、いかようにもなるのが人生だ」と割り切ることも必要なことです。

このように私たちは、脳のなかでおこなわれるホルモンの働きを知ることによって、自分を「動機づけ」することができるようになってきたのです。近い将来、「動機づけ理論」も、ホルモンとの関係で論じられるようになるものと思われます。

◆脳波の種類と性質

その他に、意識と脳波との関係も研究されています。大脳は約一四〇億の複雑な神経網を形成しています。この回路網のなかを電気的なインパルスが走り回っており、外から脳波の形で測定することができます。

脳波は大きく分けて次の四種類があるといわれています。

脳波の種類	周波数	特徴
ベータ波	一四ヘルツ〜	緊張や不安を感じるときに発生する
アルファ波	八〜一四ヘルツ	精神的に安定、リラックスしたときに発生する
シータ波	四〜八ヘルツ	浅い睡眠中に発生し、意識は低下
デルタ波	一〜四ヘルツ	深い睡眠中に発生し、意識はない

潜在意識に刷り込むのに最も適しているのは、脳がアルファ波を出す状態になっているときだといわれています。目覚めて緊張しているときはベータ波が出ますが、このときは顕在意識が強くはたらいていて潜在意識に刷り込むことは、むずかしいといえます。また、リラックスしてくつろいでいるとき、特に睡眠前にまどろんでいるときや、朝起きる前にはアルファ波が出るといわれておりますが、このときが自分の強く思っていることを潜在意識に送り込む絶好のチャンスです。それと同時に、イメージ・トレーニングや瞑想など脳波がアルファ波の状態になるよう意識をコントロールする方法を、それぞれが身につける工夫が必要です。

◆自分のやりたいことを潜在意識に受け入れさせる

それでは、自分のやりたいこと（大切な目標）を、どのようにして潜在意識に受け入れさせればよいのでしょうか。

ここで改めて、顕在意識と潜在意識の関係について見ることにしましょう。

「意識」という言葉は、ラテン語のコンシャスネスからきています。コンとは「自己」、シャスとは「知る」という意味です。つまり意識とは「自己を知る」ということです。

私たちの心は、意識する心（顕在意識）と無意識の心（潜在意識）の二層からなっています。顕在意識は、五感を通じて私たちがいま現在、なにを感じ、考えているかを自覚する心のことです。ところが、私たちの気づかない無意識の領域があり、それを心理学上、「潜在意識」と呼んでいます。顕在意識、潜在意識というのは意識の構造であり、別々のものが二種類あるというのではありません。

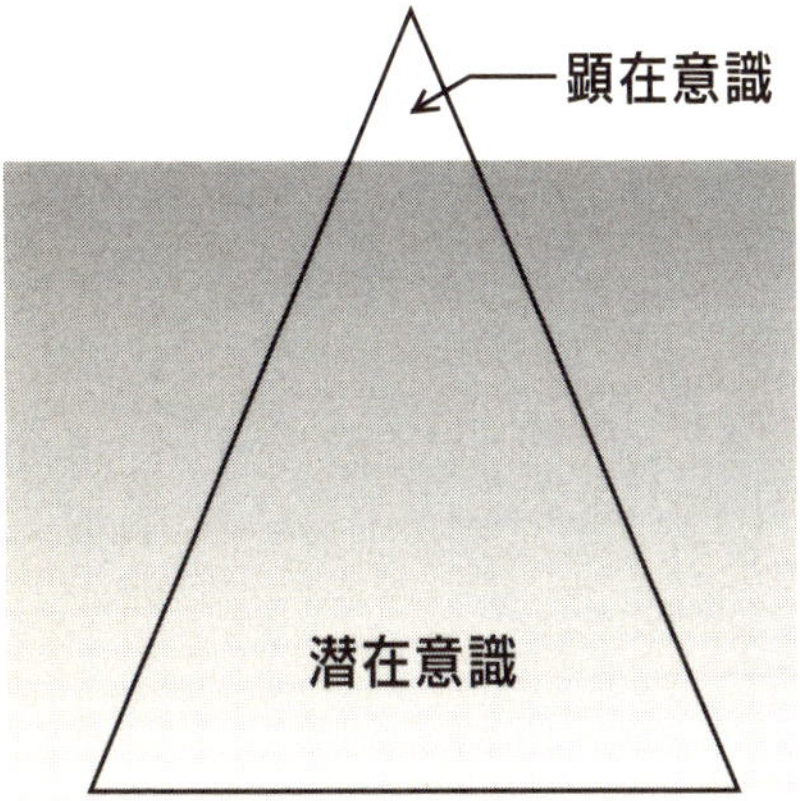

顕在意識と潜在意識の関係

◆顕在意識は氷山の一角、潜在意識が自分を動かす

顕在意識と潜在意識の関係は、しばしば海に浮かぶ氷山にたとえられます。海面上に浮かんでいる部分（顕在意識）は氷山の一部分にすぎず、海面下におかれている部分（潜在意識）のほうがはるかに大きいのです。人の心には、意識下に自覚されない潜在意識という大きな領域があって、それが自分を動かしているというのは何とも不気味な感じがします。しかし、生まれてから

死ぬまで、潜在意識は休みなく働き続けており、その機能を知ることで、私たちは「無意識を意識化する」ことになるのです。その意味で、その機能を知り活用することが、人が一生かけて取り組まなければならない課題といえましょう。

ところで、ルー・タイスは、それぞれの機能を次のように分類しています。

●顕在意識
・知覚
・連想
・評価
・決断
・記憶

●潜在意識
・習慣
・自動パイロット機能
・問題解決
・エネルギーの供給
・目標の推進

このように、顕在意識と潜在意識は相互に関連しながら人間の行動を左右しているといえます。潜在意識の機能の大きさと、それを活用することの重要性が理解できましたでしょうか。

◆イメージの公式

ところで人は、自分が経験したことはすべて潜在意識に記憶しますが、実際に体験しないことでも潜在意識が受け入れる条件があります。それは、次のような公式で表すことができます。

I×V＝Rsc
(Image)×(Vividness)＝(Reality)
（イメージ）×（生き生きした鮮明さ）＝（潜在意識のなかの現実）

即ち、心に生き生きと鮮明にイメージしたものは、実際に体験しないことでも潜在意識のなかの現実として刷り込まれるという意味です。つまり、心に描いた鮮明なイメージは、実際の体験と同じように自律神経を刺激します。そのため、私たちのからだは、実際の体験とイメージを見分けることができないのです。

◆リアルにイメージしよう

たとえば、梅干しを実際に見ないで心のなかで想像したとします。すると、無意識に梅干しのイメージに反応して唾液が出てきます。

このことは、臨床的にもいろいろな形で確かめられています。池見酉次郎は『心療内科』のなかで、食品アレルギー症状をだす八一人を対象にした実験を通じ、次のように述べています。

詳しい実験を行うことによって、これら被検者八一人中、本当に食品アレルギーによって胃腸の症状を現していたのは、皮内反応がはっきり陽性の二人をふくめて、わずかに数人にすぎないことがわかった。

つまり大多数の人では、特殊な食品についての自己暗示的な恐怖心が、症状の大きな原因となっていることが確かめられたわけである。

アレルギー症状を出すのは、その食物を食べたかどうかの事実よりも、それを「食べた」という認識に左右されるというのです。食べてもそのことを知らなければ悪い症状は出ない。逆に、食べなくても「食べた」と誤って思いこんでしまうと、アレルギー症状は出るのです。

ですから、潜在意識は本当にあったこと（事実）と、心にイメージしたものの区別がつかないということです。想像上のことでも真実として受けとめ、それを実現しようとするのです。

◆アファメーション

ただし、潜在意識にこのイメージを刷り込めるのは、次のイメージだけです。

・第一人称（自分のこと）である
・現在形である
・経験している実感をともなう

つまり、自分でこうありたいと思っている大切なことを、あたかもそれが達成されたかのようにリアルにイメージとして描くことができれば、潜在意識はそれを受け入れてくれる、ということです。

「経験している実感をともなう」というのは、イメージに生命を吹込むという意味です。

目標が達成されたときに生じるはずのすばらしい感動を自分のうちから引き出せば、「こうありたい」という理想の「自己イメージ」が「古い自己イメージ」に置き換わっていきます。

これを言葉のうえから見るとよくわかります。感動を表す英語は emotion ですが、これは「e＋motion」と分解されます。即ち、「行動を引き出す」という意味で、この状態になれば、脳の成功メカニズムが自動的に働きだし、行動が開始されるのです。

これを実践化するために、TPIでは一定の様式をもたせて表現する「アファメーション」（自己宣言）という手法を体系化し、積極的に研修でとりあげています。

そして、アファメーションによる効果は、一般的に次のようになっています。

・アファメーションを読むだけ…一〇％の効果
・読み、かつイメージする…五五％の効果
・読み、イメージ化し、かつ想像体験する…一〇〇％の効果

目標設定

◆あなたの人生の目標は何ですか

会社や政府、団体等、組織は必ず経営目標なり事業目標を設定します。銀行から金を借りれば、必ず返済計画を提出させられます。建築業者は必ず青写真をつくって工事を行います。それなのに個人の場合になると、目標を設定し自分のやるべきことを計画するのは一握りの人だけのようです。

目標設定の必要性について、ルー・タイスは『望めば、叶う』のなかで興味ある調査結果を紹介しています。

一九五三年のエール大学卒業生を対象とした調査だ。学生たちに、彼ら自身についていろいろ質問したのだが、そのなかに目標に関する項目が三つあった。

「あなたは目標を設定していますか?」、「その目標を書きとめていますか?」、「目標を達成するための計画がありますか?」

全部の質問にイエスと答えた三%の学生は、幸せな結婚をし、選んだ職業でも成功し、家庭生活にも満足し、健康状態も良好だった。それだけではない。五三年卒業生の総資産の九七％は、この三％の手に集中していたのだ。

◆まず、目標をたてる

「目標をもちなさい」というと、「当たり前のことを言うな」と言って嫌な顔をする少数の人と、「何をいまさら」と言ってとまどいを見せる大多数の人に分かれます。それだけ現代は変化が激しく、生きづらい時代といえましょう。

多くの人は、「目標をたてても、変化が激しくどうなるかわからない」として、目標をたてようとしません。そして、そのときどきで一生懸命にやればそれでよいのだ、と割り切っています。「なるようにしかならない」というのが彼らの言い分です。

しかし、目標を決めないで成り行きに任せていると、どうなるかは明らかです。「行き先がわかっていないなら、どの道を通っても先へいける」しかし、「行き先を知らない場合、たいていはどこか別のところへ行き着くことになる」のです。

このような人は多くの場合、自分以外の人がたてた目標を自分の目標にしています。

私は研修会のなかで、時折「あなたの人生の目標は何ですか」と参加者の皆さんに聞くことにしています。すると、会社の目標をもちだして答える人がいます。

「それは会社の目標でしょう」と言いますと、「いえ、これは私がやらなければならないから、私の目標です」という答えがかえってきます。

確かにそれも目標の一つには違いありません。ただし、それは他から与えられた目標です。自分がやりたいと思い、設定した目標ではありません。他から与えられた目標は「やらなければならない」もので、潜在意識に刷り込まれることはむずかしいのです。したがって、それが達成されることも少ないのです。

他から与えられても、それを自分が心から納得し「これは自分にピッタリの目標だ」と受け入れれば、目標を達成する確率ははるかに高くなります。

次に、私たちは目標をたてるとき、方法にこだわります。そして、「・・・ができたら、こういうことをしたい」と条件をつけて目標を設定しようとします。しかし、「方法にこだわったり、条件をつけることで目標が実現することは少ない」のです。

たとえば、私たちは次のような目標のたてかたをします。

・お金がたまれば、家（自動車）を買いたい。

・英会話ができるようになったら、海外旅行に行きたい。
・ちゃんとスィングできるようになったら、コースに出てゴルフをしたい。

これらは、いずれも方法にこだわりすぎた例です。

方法が見つからなければ、目標をたてる段階で目標をあきらめるか、現実に近づけてしまいます。

まず、目標の設定を先にしてください。

「目標を決めることにより、方法も見えてくる」のです。先の例なら、まず家（自動車）を買うという目標をたてることです。

私たちはすでに、自分ではっきりした目標を定め、それを潜在意識に刷り込めば、それを実現するシステムが働きだす、ということを学びました。即ち、自分の脳のなかにそのシステムをもっているのです。

◆網様体賦活系（RAS）

ルー・タイスは、「人の神経システムのなかには、網様体賦活系（RAS）と呼ばれる脳のシステム（自分の重要度に基づいて、遮断する情報と、受け入れる情報をふるい分ける装置）が組み込まれている。だから具体的な目標を決めると、それま

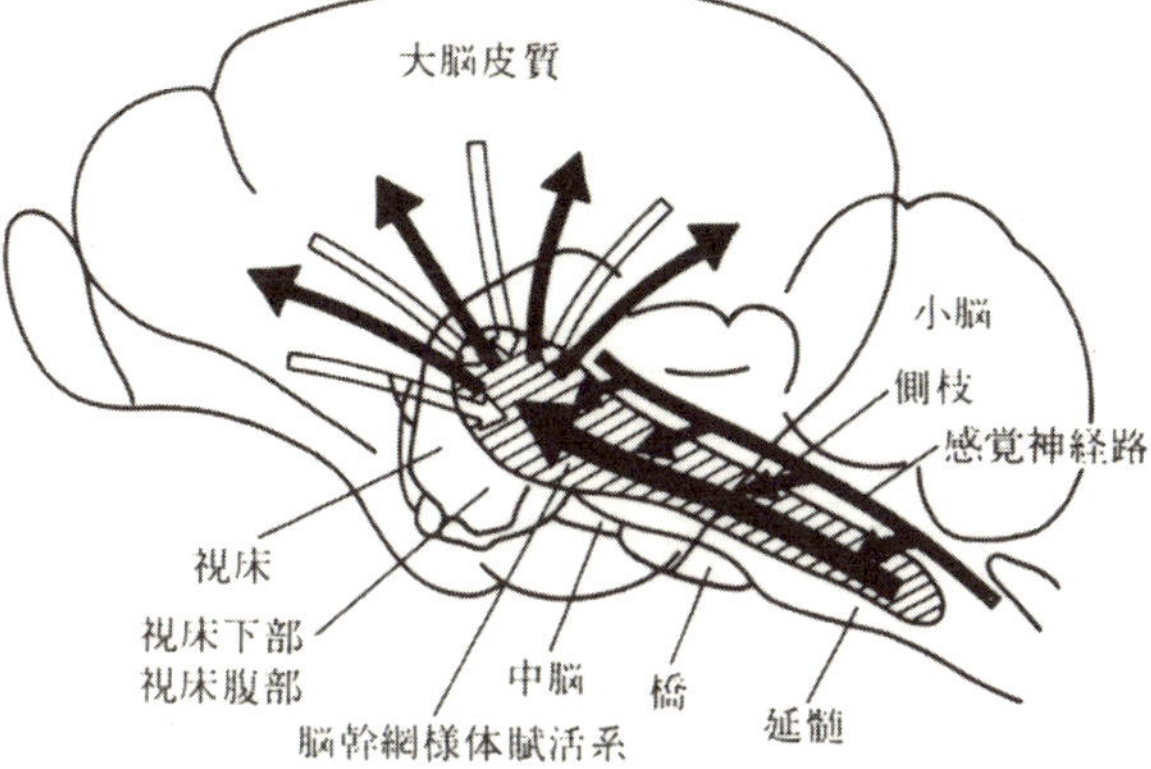

意識の中枢としての網様体賦活系
時実 利彦『心と脳のしくみ』より

で見過ごしていた情報や資源が見えてくるし、説明のつかない直感がはたらいてくる」といいます。

たとえば、若い夫婦に赤ちゃんが生まれたとしよう。ママはしばらく休業して育児に専念し、パパはその分、夜遅くまで働くことになった。深夜、家族の誰もがぐっすりと眠っている。上空をジェット機が飛ぼうと、隣のアパートでらんちき騒ぎが繰り広げられていようと、目を覚まさない。

そこへ突然赤ちゃんが目を覚ましてむずがりだしたら、どうなるか？　ママはすぐ目を覚ます。だがパパのほうは熟睡から覚めない。

この例をあげた後で、ルー・タイスは、重要だという認識とRASの機能の関係について次のように解説しています。

ママが目を覚ましたのは、赤ちゃんの声がジェット機やパーティの騒ぎより大きかったからではなく、彼女にとって重要だったからだ。パパが目覚めないのは、赤ちゃんが起きたらママが世話をするという了解があるからだ。

だが、役割が変われば二人に聞こえるものも変わってくる。今のところは、パパのRASはある種の音を遮断し、ママのほうのRASは、小さいが重要な音を受け入れている。

このようなことを、私たちはいろいろな場面で体験しているはずです。

私たちは電車の騒音のなかでも、向かい側に座っている相手の言うことを理解することができます。これは、私たちの注意が選択的で、あるものを受信し、それ以外の騒音をスコトマ（心の盲点）をつくって聞こえなくさせているためです。

また、新しい自動車を買うと、すぐに同じ型の車が目につくようになるし、下取りに出した車は目に入らなくなります。

いったいなぜでしょうか。それは、RASがはたらいて自分の周波数（探しているもの）に合ったものを見つけるからです。

◆Believing is Seeing.

自分にとって大切な目標を決めると、それまで「見えなかった情報や資源が見えてくる」ようになり、利用可能になります。だから目標を設定する段階で、それをどう達成するか「方法を知る必要はない」のです。

目標設定の段階で、達成方法を知ってしまう（決めてしまう）と、「現在の知識の大きさしかない箱のなかで」目標を決めることとなります。まず目標ありきです。そうすれば、ＲＡＳのはたらきで方法は見つかるのです。

私たちは、Seeing is Believing.を「百聞は一見に如かず」と訳していますが、「証拠を見せてくれたら信じてもいいよ」とも受け取れます。

これを逆にすれば、Believing is Seeing.となります。これは「信ずれば見えてくる」と訳したらどうでしょう。

人間の脳は「仮説立証的」にはたらくものですから、あることを「できる」と確信すると「なぜできるのか」その答えを見つけだそうとフル回転するのです。そして、その答えが最初の確信と一致すると、ますますその確信を強め、それを実現しようと努力するのです。

反対に「できない」と確信すると、脳はなぜできないのかと理由を見つけだそうとし、ますます確信を強めます。

ＲＡＳのプロセスとは、まさにこのことをいうのです。

日本では、この裏返しの表現として「心ここにあらざれば見れども見えず、聞けども聞こえず」という諺があります。

そして「大切な目標を潜在意識に刷り込む」と、そのイメージは「潜在意識のなかの現実」となり、人はあたかも「それが真実であるかのように行動」し、「イメージを実現しようとする」のです。

このような考え方にたてば、「現実とどれだけ離れたところに目標を設定すればよいか」という疑問が生まれてきます。

しかしこれは一概にはいえません。失敗した経験のある人は、大抵「目標が高すぎたところに原因を求めよう」とするものです。そしてたとえば、「三〇％アップなどちょっと無謀すぎた。これからは現実的になろう」と、五％アップの低いところに目標を設定しようとします。

しかし、この態度は間違いです。なぜなら目標を低くしても成功率が高くなるとは限りませんし、かえって逆効果になることもあります。

目標を現実に近づけると、潜在意識は「今までどおりやればよいのだ」と判断し、新しい方法を工夫する努力をしなくなります。つまり、ＲＡＳの機能がはたらく機会を与えなくなるのです。

また、目標は遠ければ遠いほど到達するまでに長い努力を必要とします。この長い道のりを進むには、目に見える形の指標がなくてはなりません。そのためには、何段階かの達成レベルを設定することが必要です。多くの場合、目標を長期―中期―短期とブレイク・ダウンすることによって、これが可能になります。

そして長期目標を自分にとって大切な、どうしても達成したいものにしておけば、それは動かすことなく、期間の短いものに柔軟性をもたせることができるのです。

◆夢は大きく、大胆に

ＲＡＳがはたらく条件は「自分にとって大切なことを目標として設定」し、「潜在意識でも受容する」ことです。したがって、目標の大きさや期間は関係ありません。自分の描ける夢のなかで手に届きそうなぎりぎりのところが、目標としてふさわしいといえましょう。そうすれば、潜在意識は目標と現実とのギャップを意識して、それを埋めるための方法を探そうと働きだし、実行のエネルギーを発生させてくれるのです。

人は「自己イメージ」により、本来、実現不可能なことは望まないものです。そして、それを決めるのは自分の心ですから、少しでも可能性のあるものなら目標としてもかまわないということです。現実にとらわれないで、内心（潜在意識のレベルで）無理かなと思わない程度なら、大胆に望んでみましょう。

第Ⅳ章

楽観主義のススメ

ＥＱと楽観主義の恩恵

①　ＥＱ

「ＥＱ」という概念をポピュラーにしたのは、アメリカのダニエル・ゴールマンです。彼は『Emotional Intelligence』に『Why it can matter more than IQ』という副題をつけて出版し、ベスト・セラーとなりました。日本でも講談社から『ＥＱ　こころの知能指数』というタイトルで翻訳出版されています。

そのなかで彼はEmotional Intelligenceを、「ＩＱ（知能指数）」になぞらえて「ＥＱ（こころの知能指数）」といい、「今後はＩＱでなくＥＱが重視されるようになる」と言い切っています。

すでに米国では、さまざまな調査が実施されており、「人生の成功者とＩＱとの関係は必ずしも一致しておらず、むしろ一致しないことのほうが多い」ことが報告されています。これからは「ＩＱが高いがゆえに重用されてきた人も、ＥＱが低いがゆえに重用されなくなる」可能性があるのです。

ゴールマンは「社会で成功するためのＩＱの要素はたかだか二〇％、残り八〇％はＥＱの要素が必要だ」と言います。

その背景に「言語と数学の能力を中心にすえたＩＱの概念では、社会での成功を測ることはむずかしい、学問の世界から遠ざかるほど意味をもたなくなる」ことがあげられます。そして人生をよりよく生きるために必要な能力は何か、という観点から「知能の概念を再構築しよう」としてあらわれたのが、ＥＱの概念です。

◆ＥＱの五つの定義

「ＥＱの定義」として、ゴールマンは次の五つをあげています。

(一) 自分の本当の気持ちを自覚し、納得できる決断をくだす能力
(二) 衝動を自制し、不安や怒りなどストレスのもとになる感情を制御する能力
(三) 目標の追求に挫折したときでも、楽観を捨てず自分自身を励ます能力
(四) 他人の気持ちを感じとる能力
(五) 集団のなかで調和を保ち、協力しあう社会的能力

これらの能力をトータルしたものがＥＱですが、すべての要素を十分に備えてい

る人は少ないはずです。大多数の人が、いずれかが高くていずれかが低いでしょう。確かにこの五つをながめれば、ＥＱの高い人ほど仕事も対人関係もうまくいき、人生をエンジョイできそうな気がします。

◆マシュマロ・テスト

ゴールマンは前述の五つの項目についてそれぞれ説明していますが、そのうちの「衝動をコントロールする能力」について、興味ある話を紹介したいと思います。

これは「マシュマロ・テスト」といわれるものです。

まず、四歳の子供たちの前にマシュマロを一個ずつ置き、実験者は次のように言いおいて部屋から出ていきます。

「おじさんはこれからちょっとの間、お使いに行ってくるので留守をします。その間マシュマロを食べてもかまわないよ。でも我慢して食べずに待っていてくれたら、もう一個あげるよ」

すると子供たちの三分の一が我慢してマシュマロ二個を手にし、三分の一がすぐに手を出して食べ、残り三分の一の子供が我慢しようとしたが、結局食べたそうです。

一四年後（一八歳）、ゴールマンは、子供たちがどのような青年になったか追跡調査をしました。

結果、「誘惑に耐えることのできた子供は、青年になった時点で情緒が安定し、高い社会性を身につけていた。対人関係能力にすぐれ、きちんと自己主張ができ、人生の難局に適切に対処できる力がある。また、他の子供たちと比較して、学業面でもはるかに優秀であった。一方、マシュマロにすぐ手をのばした三分の一の子供は、情緒的に不安定で強情な反面、優柔不断で小さな挫折にも心の動揺をみせることがわかった。自分のことを「ダメな人間」と考える傾向があり、学業成績もよくない」

この調査結果から、私たちは多くのことを学ぶことができます。

即ち、「幼い時期に少しだけ顔を出していた特質は、長ずるにつれて広範な社会的・心理的能力となって開花する」ということです。ゴールマンは「(二個のマシュマロを手に入れるために「食べたい」という)衝動をこらえる能力は、学校の成績や、社会に出てからの対人関係を含む社会性・能力発揮にいたるまで、あらゆる努力の基盤となる」と結んでいます。

◆IQの高い人、EQの高い人

「IQの高い人」と「EQの高い人」には、具体的にどのような違いがあるのでしょうか。

高いＩＱをもつタイプ（この場合ＥＱはＩＱの範疇から除外する）の人物像は、「理性の領域では有能だが、人間くさい世界では、不器用で頭でっかちを絵に描いたような人」となります。

プロフィールが男性と女性では少し異なっていますので、ここでは男性を紹介してみましょう。

高いＩＱをもつ男性は「野心的かつ生産的で、不堯不屈の精神をもって予定どおりの行動をとり、自分自身について不安がない。他人に対しては批判的だが慇懃無礼で、神経質で羽目をはずさず、性的・官能的体験が苦手で、自分の感情を外に表さず超然と構え、情緒面は冷淡で無味乾燥だ」

対照的に、ＥＱの高い男性は「社会的なバランスがとれ、外向的で快活、何かを恐れたりくよくよ悩んだりすることがない。人のため大義のために身を投げ出す気持ちがあり、責任感や倫理観がしっかりしている。他人との関係においては親切で思いやりが深い。情感は豊かだが、暴走することはない。自分自身に対しても他人に対しても、身構えたところがない」

もちろん、これらはすべて極端な例です。しかし、それぞれ純粋なステレオタイプを想像してみると、ＩＱとＥＱの差がよくわかります。

ゴールマンは「ＩＱとＥＱの割合により、人間はさまざまな特長をミックスした性質をもつ。とはいえ、やはり人間を人間らしい存在にするには、ＥＱにはるかに分があると言えよう」と結んでいます。

◆楽観主義とは

ところで、「ＥＱの五つの定義」について、
（一）（二）は、自己認知と自己コントロール・・・・個人的能力に、
（四）（五）は、共感と協力・・・・社会的能力に
含まれます。
（三）は、（二）の「自己コントロール」に関係する目標達成に欠かせない能力です。これは「目標を設定したらあきらめずに追求する態度」のことで、一般的に「楽観主義」と言われているものです。
したがって、ＥＱは、三つの大きな概念で構成されていることになります。

ここからは仮説になりますが、（一）（二）には「個人主義の論理」が、（四）（五）には「集団主義の論理」が入っていると見ることができます。

◆個人主義の論理、集団主義の論理

個人主義・集団主義の観点において、私たちは文化的に「平均的に」ではなく「どちらかに」軸足を置いています。

ルース・ベネディクトを持ち出すまでもなく、米国は個人主義の文化に、日本は「和をもって尊し」となす他人志向の集団主義の文化に、それぞれ軸足を置いてきたといってよいでしょう。

ところが最近、両方の文化に「行き過ぎ」または「崩壊」がみられています。それは主として、米国における「個人主義の行き過ぎ」、日本における「集団主義の崩壊」という現象をあらわしています。

個人主義の文化圏では、個人である自分だけが頼りですが、自分を見失ったとき行き着くのは、自信喪失のウツ病の世界です。一方、集団主義の文化をもつ日本でも家庭は最後の拠り所ではなくなり、いわんや会社も終身雇用制が崩壊し、いつ首を切られるかわからない。心の錨を下ろすところがなくなりました。

そうかといって、我が国に個人主義が根づいているわけではないのです。どこに自分のアイデンティティを求めてよいのか解らなくなった人が増えたため、日本でもウツ病が蔓延しています。皮肉なことに、豊かになった両国で時を同じくして、ウツ病の蔓延および低年齢化現象が見られることになったのです。

これは同時に、個人および集団としての「目標の喪失」でもありました。つまり、人は「目標を失うことで無力感」に陥り、「自分を見失っていく」のです。目標をもち、それを追求する態度をもっている人は、自分を見失うことも自信を喪失することもない。したがってウツ病に罹ることはないのです。

その意味からも、(三)の「楽観主義の必要性」が叫ばれています。

②楽観主義の恩恵

多くの哲学者が思索について、また心理学者（特にニューソート）が信念の魔術についてそれぞれ強調し、さらには脳生理学者がホルモンについて論じるのも、みなこの楽観主義の恩恵に集約されましょう。

最近では、遺伝子に組み込まれているプログラムの発現さえも、人の考え方が影響を与えると論じられるようになっています。これほどまでに心のはたらきが注目された時代はないといえましょう。つい最近の脳死論争は、私たち人間が脳（心）

とともにあることをいっそう認識させるキッカケとなりました。

ところで、この楽観主義を真正面から取り上げた心理学者がいます。ペンシルベニア大学のマーチン・セリグマン教授です。

教授は、「私たちは日常生活において、大なり小なり多くの失敗や挫折を経験するが、その痛手から早く立ち直る人と、いつまでもそれをひきずってしまう人がいる」として、その違いを「説明スタイル」という概念を導入して説明しています。

教授は「ある事象が自分の身におこったとき、その原因をどのように自分自身に説明するかは習慣的」であり、個人によってそれぞれ一定のスタイルがあるといいます。

たとえば失敗や挫折を経験したとき、「なんとか打開策がある」と思っていれば無力感に陥らなくてすむ。ところが「自分がいくら努力したところで状況は少しも良くならない」と思えば、すっかり意欲を失ってあきらめの態度が生じます。

つまり失敗や挫折そのものよりも、「その原因を何のせいにするか」が決定的なのです。

テストで失敗したとき、「自分の能力が足りなかったからだ」「自分の頭が悪いせいだ」と思えば「これ以上勉強したってはじまらない」とあきらめの気持ちになるでしょう。しかし「自分の努力不足だった」「テストがむずかしすぎた」「ヤマが当たらなかった」と思えば、次回にはもっと努力して良い結果を得ようと机に向かって勉強するでしょう。

このように、「能力不足」と「努力不足」は、どちらも自分の責任という点では共通していますが、「能力」は安定してすぐには変わりにくい特性であり、しかも自分の意志ではコントロールできにくい種類のものなのです。これに対して、「努力」は変動しやすい特性であり、今後の状況次第では、自分の意志でコントロール可能なものです。

言いかえれば、ある行動をおこして同じ結果になったとしても、その原因をどこに求めるかによって、以後の行動のしかたや意欲が変わってくるということです。

前出の例では、能力不足に原因を求めてあきらめるケースを「悲観的説明スタイル」、努力不足に原因を求めて事態を改善しようとするケースを「楽観的説明スタイル」といい、悲観的説明スタイルをとる人を「悲観主義者」、楽観的説明スタイルをとる人を「楽観主義者」と定義しています。

◆楽観主義と悲観主義

ここでもう少し説明スタイルに、立ち入ってみましょう。

セリグマンは、「ある事象が自分の身に起こったとき、人は通常三つの軸をもちいて説明する」といっています。

・永続的か、一時的か、という「時間の軸」
・特定の理由によるか、全般的な理由によるか、という「普遍性の軸」
・その原因が自分にあるか、自分以外にあるか、という「個人度の軸」

特に困難な状況に直面したとき、どのように自分に説明するかによって両者の違いは極だってきます。

悲観的な人は、「この悪い状況はずっと続くだろう。そしてこのせいで私は何をやってもうまくいかないだろう」と思いこんでしまいます。つまり悲観的な人は、困難が永続すると思い、ある一つの分野で挫折すると、すべてをあきらめる傾向があるのです。そして「自分には才能がない」と思うようになります。

これに対して、楽観的な人は「悪い状況はこのケースだけに当てはまり、一時的なものですぐにおわるだろう」と考えます。そして、周囲や自分以外のところに原因を求めようとします。このような人は失敗にもめげない。これを試練だと考えてもっと努力するようになります。

これらの関係を図示すると次のようになります。

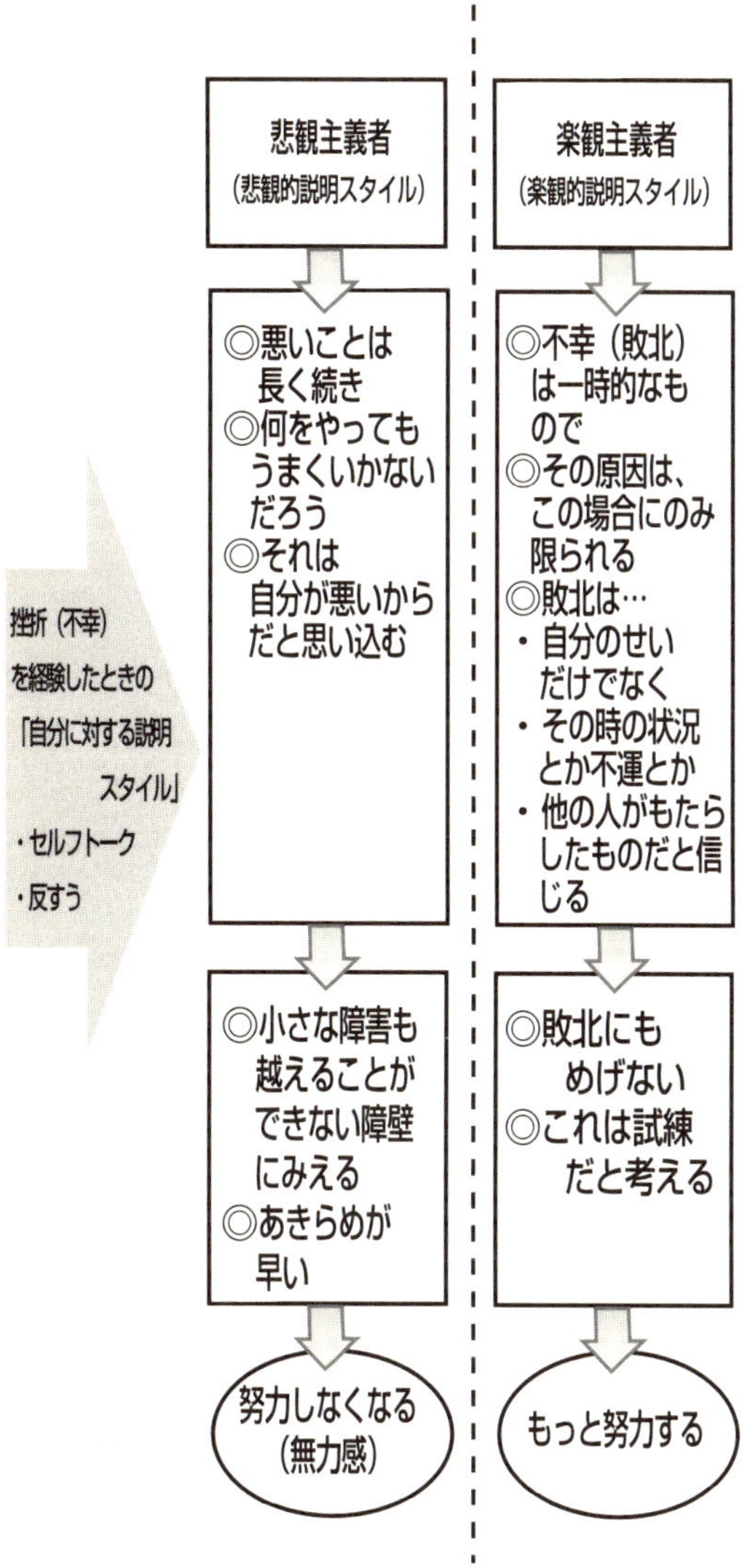
挫折（不幸）
を経験したときの
「自分に対する説明
スタイル」
・セルフトーク
・反すう
悲観主義者
（悲観的説明スタイル）
◎悪いことは
長く続き
◎何をやっても
うまくいかない
だろう
◎それは
自分が悪いから
だと思い込む
◎小さな障害も
越えることが
できない障壁
にみえる
◎あきらめが
早い
努力しなくなる
（無力感）
楽観主義者
（楽観的説明スタイル）
◎不幸（敗北）
は一時的なも
ので
◎その原因は、
この場合にのみ
限られる
◎敗北は…
・自分のせい
だけでなく
・その時の状況
とか不運とか
・他の人がもたら
したものだと信
じる
◎敗北にも
めげない
◎これは試練
だと考える
もっと努力する

教授は「楽観主義の応用がもっとも役にたつのは「ウツ病の治療」「成績や業績の向上」「健康増進」の三分野だ」といい、さまざまな調査結果を発表しています。そのうちの二つを、『オプティミストはなぜ成功するか』から引用してみましょう。

◆楽観主義は粘り強い

まずは米国第二位の「メトロポリタン生命」の例です。

保険のセールスは、何度断られてもあきらめない粘り強さがないと長続きしないといわれています。

同社ではセールスマンの採用に楽観度テスト（ＳＡＳＱ）を導入した。新規採用した社員のうち、一年後に半数以上の五六・七％が会社を辞めた。誰が辞めたのか？楽観度テストで（楽観度が）下半分にいた社員は、上半分の人々より二倍やめる率が高かった。さらに下位四分の一にいた社員は、上位四分の一にいた人々より三倍多くやめた。契約獲得高でみても、上位半分の人は、下位半分の人たちより二〇％多く、また上位四分の一の人は、下位四分の一より五〇％多く契約を獲得した。その後も、楽観度の高い人と低い人たちとの格差はどんどんついていった。

なぜこのようなことがおきたのでしょうか。

セリグマン教授の言葉を借りると、「楽観主義は粘り強さを引き出すからだ。はじめはセールスの才能と意欲も粘り強さと同様に大切だ。だが拒否され続けると、粘り強さが決め手になる」ということです。

◆健康と楽観度

次に、健康と楽観度との関係について紹介しましょう。

これは一九三九年から一九四四年にかけてハーバード大学を卒業した学生の約五％（二〇〇人）を対象に五〇年間追跡調査した研究です。彼らは五年ごとに広範な健康診断を受けてきました。それによってわかったことは、「六〇歳のときの健康状態は、二五歳のときの楽観度に深い関係があった。悲観的な人たちは楽観的な人たちよりも早い時期に、しかも重い成人病にかかり始め、四五歳になったときには、健康状態にかなり大きな差ができていた」だけでなく、「四五歳からあとの二〇年間の健康を決定する要因として、楽観度がもっとも重要である」と結論づけています。

このように楽観主義のメリットを強調したうえで「自分の説明スタイルを変えることで、悲観主義者は楽観主義者になることができる」というのが教授の見解です。

もちろん、すべての状況において、やみくもに楽観主義を適応しようというのではありません。「悲観主義には一つの長所がある」ともいいます。それは現実をより正確に把握するのに役立つことです。

日本では、楽観主義者は能天気なお人好しのイメージで見られることが多いが、決してそうではありません。楽観主義とは「人生で挫折を味わったときに、もっと元気がでるようなものの考え方」で「自分自身に語りかけるには、どうしたらよいか」という方法を身につけることです。つまり困ったことに出会ったとき、それをどう考えるかでコントロールする力をつけるのが、目的です。

その意味で、教授の言葉を借りるならば「現実的にものごとをとらえ、楽観的に行動する柔軟な楽観主義」こそ、これからの時代に求められる人材像であり、生き方といえましょう。

◆母親の説明スタイルは子に強く影響を及ぼす

なおセリグマンは「この説明スタイルは測定可能だ」として、簡単なテスト（ＳＡＳＱ）を開発しています。このテストは、ＩＱテストと違って、たくさんの問題を短時間にどれだけ正確に答えられるかを問うものではありません。その人の習慣となっている説明スタイルを明らかにすることによって、個人の楽観度と逆境に対する粘り強さを測ろうとするものです。

私たちは、自分が習慣的に行っている説明スタイルがどのようなものか、一度テストしてみてはどうでしょうか。

特に私は、小さい子供をもつ親に勧めたいと思います。日本では「わが子にどれくらいの才能があるか」を見極めたいという親の思いに応じて、いろいろなテストが開発されています。しかし子供にはテストをしても、親がテストされることはなく、親の子育ての技能が問われることもありません。子供に才能があるかどうかを知るのに、こうも熱心な親のなかで、果たしてどれくらいの人が、それと同じ熱心さで自分自身の親としての能力の有無を知ろうとしているでしょう。

セリグマンは、同書『オプティミストはなぜ成功するか』で「説明スタイルの形成は早い時期に始まり、八歳ですでにかなりはっきりした形でみられるだけでなく、母親の説明スタイルがそのまま子供の説明スタイルに強く反映する」と言っています。

そして、「悲観的説明スタイルの子供は、無気力に陥りやすく、能力を出し切れず、成績不振になりやすい」、さらに「子供のころに身につけた楽観主義または悲観主義は基本的なもので、失敗も成功もこれらを通して考えられ、強固な思考習慣となる」といっています。

子供のとき、母親が世の中の出来事をどのように話していたかは、子供の説明スタイルに非常に大きな影響を及ぼすのです。

子供たちは何かが起こったときに、親たちが自然に口にする説明にじっと耳を傾けます。特に何か悪いことが起こったとき、親たちの言うことを一言も漏らさず聞こうとするのです。


また調査によれば、「母親の楽観度と子供の楽観度は非常に似通っている」ことが発見されたが、「父親のスタイルとはあまり共通点がなかった」といいます。

つまり、幼い子供は、主に自分の世話をしてくれる人（ふつう母親）が物事の原因について話すのを聞き、そのスタイルを真似ることがわかります。

あなたも、子供を悲観主義者にしたくなかったら、一度、自分の楽観度を調べてみてはいかがでしょう。もし、テストで自分に悲観主義的な傾向があることがわかっても、それでおしまいというわけではありません。「悲観主義は変えることができ、必要なときに楽観主義を使いこなす方法を会得することができる」として、その学習方法が準備されています。

◆心の健康

セリグマンの理論についてかなりくわしく紹介しましたが、私はこれに関連して次のように考えています。

楽観主義、悲観主義というのは「人生に対する態度（心構え）」です。その態度は自分で選択したものであり、したがって自分で変えることができるということです。

私たちは、人生においてさまざまな逆境に出会いますが、そのとき確かに教授のいう「説明スタイル」を用いて自分に言い聞かせています。ところが、逆境に出会う度に悲観的なスタイルで言い聞かせているとしたら、潜在意識がそれを受け入れて、それこそ大きな不幸になりかねません。

というのは、私たちは、良い出来事に対する説明スタイルは比較的容易に変わるが、悪い出来事に対する説明スタイルはなかなか強固で、簡単には変わらないことを経験的に知っているからです。何か悪いことがあるとき、悲観主義者は何回もそのことを思い出しては「あのときなぜあんなことをしてしまったのだろう」とその時の感情も一緒にして潜在意識に刷り込んでいるのです。過去にこだわって、なかなか今の行動に移れません。そしてとどのつまりは、「自分はなんて駄目なんだろう」という思いにたどりつくのです。

悔やんだところで過去を取り戻せるわけではありません。失敗があったのなら、その教訓を生かして二度と同じことを起こさないようにすればよいのです。しかし、悲観主義者にはそれがむずかしいのです。


このようにして悲観主義者は、「自己効力感」がゆらぎ、「自尊心」がゆらいでいきます。

さあ、私たちはここで再び「自分自身の心の問題」に戻ってくることになりました。

私たちは、身体の健康については常に気をつかっており、病院や人間ドックで定期的に健康診断を受けています。企業や団体では、法律によって従業員の健康管理が義務づけられています。

しかし、心の健康のほうはどうでしょうか。

「病は気から」と言われるように、心の持ち方いかんで健康にもなり、病気にもなることがわかっていながら、こちらのほうは基本的には個人に任されています。

これからは、一人ひとりが「こころの健康診断」を受けて、自分が楽観的な考え方をしているかどうかをチェックすることを習慣にしてはどうでしょうか。

◆自分の考え方による「因果応報」がある

残念ながら、私たちは「考える」という行為を習慣的にやっていますので、「ある時は楽観的に、またある時は悲観的に」と使い分けられるほど、柔軟にはできていません。したがって、楽観主義者はつねに楽観的説明スタイルを、また悲観主義者はつねに悲観的説明スタイルをとっています。

これについて考えてみると、ひょっとして私たちが現在あるのは、私たち自身の考え方がつくり出したものだと言えないでしょうか。

確かに「環境」という、自分ではコントロールできない制約条件があることは認めます。そしてそれによって影響されるものは多いし、また大きいにちがいありません。

しかしそれを受けとめて、選択し、行動しているのは他ならぬ「自分自身」であり、同じ環境のなかでうまくやれる人とそうでない人がいるのも確かなことです。それこそ、その人の考え方によるものだということにならないでしょうか。

このような意味で、私は最近「因果応報」という考え方をするようになりました。

これは「考え方による因果応報」です。

◆生き方を選ぶ

私たちは一度に一つのことしか考えることができません。しかしこれは言い換えれば、考え方を「選ぶ」ことができるということです。

それは「生き方を選ぶ」ということでもあります。

現在という一瞬一瞬に、どんな考え方を選択するか…。これが私たちの人生をつくっているのです。

私たちはよく「運がよかった」「悪かった」という言い方をしますが、それも自分の考え方が引き寄せていると考えられないでしょうか。人生で起きるすべてのことは、実は自分自身がつくりだしているのです。

これは実に怖いことですが、それ以外には考えられないのです。

私たちは人生でいろいろなことに遭遇します。そのなかで、私たちは自分に都合の良いほうを選択してきたはずです。

他の選択肢がありながら、一つのことを選んできたのです。これは、他の可能性を選択しなかったという意味でもあります。つまりその都度「現在ある自分を選択してきたのだ」ということです。

あなたは、自分以外の誰にその責任をとらせますか？
誰かに強制されて、今の自分があるというのですか？

このことを認められるならば、私たちは過去のすべてを受け入れ、許すことができるはずです。そして「今」という一瞬を真剣に生きて行けるのではないでしょうか。

そのうえで私たちは未来について、新しい自分を選択することができるはずです。
その選択肢は無数にあるように見えますが、実際には次の二つしかありません。

（一）今までの自己イメージを変えないでその延長線上にある自分
（二）新しい自己イメージを描いて、その方向に近づいている自分

ほとんどの人は、あたかも過去から決められているかのように、前者の道を歩んでいます。

そして、「変われといったって今さらどうしようもない」とあきらめています。しかし、後者の人生を選択することは可能です。そのことを今まで述べてきたつもりです。

「決まったレールの上を走るか」「別の道を歩むか」は、自分次第です。

新しい自己イメージを描き、現在の快適ゾーンから一歩踏み出す勇気さえあれば、「新しい自分の人生」を生きることができるのです。

第V章

あなたは自分が考えた通りの人間になる

リーダーシップとフォロワーシップ

◆リーダーシップとフォロワーシップ

「リーダーシップ」については既に数多く論じられているので、今さらの感がしないでもありません。もしここで新味をだせるとしたら、それは「フォロワーシップ」との関係でリーダーシップをとらえるという視点でしょう。

私たちは通常、「リーダーの資質」や「リーダーシップの類型機能」など、リーダーシップの特性についてそれぞれ単独に論じています。しかし、リーダーシップの本質は「命令」と「管理」です。

そしてそれを発する人（リーダー）がおり、受ける人（フォロワー）がいて、始めてリーダーシップが成立するのです。それにもかかわらず、なぜかリーダーシップは、フォロワーシップを抜きにして論じられるのです。

現実の組織のなかにはフォロワーが存在しており、それを抜きにしてリーダーシップの有効性を論じても、あまり意味がありません。また、リーダー自身も多くの場合、フォロワーであった期間のほうが長いはずです。
その意味で、フォロワーシップとの関係でみる視点もあってよいと考えています。

◆Ｘ理論、Ｙ理論

ところで「リーダーシップ理論」については、すでに古典になっていますが、マグレガーの「Ｘ理論、Ｙ理論」があります。これと関連させながらフォロワーシップについて見ることにします。

まずこの理論が前提としている人間観を見てみましょう。

●Ｘ理論

・人はもともと仕事が嫌いで、できることなら仕事はしたくないと思っている。
・たいていの人は強制されたり、統制されたり、命令されたりしなければ、企業目標を達成するための力を出さないものである。
・人は命令されるのが好きで、責任を回避したがり、まず安全を望んでいる。

●Ｙ理論

・人はもともと仕事をするのは嫌いではなく、遊びや休息と同様に自然なものである。

・多くの人は仕事を任されることを望んでおり、自発的に働くものである。
・目標達成に尽くすかどうかは、それを達成して得る報酬次第である。
・人は条件次第では責任を引き受けるばかりか、自ら進んで責任をとろうとする。

X理論は「人間はもともと仕事が嫌いで、金のために仕方なく働いており、命令・指示されたことしか行わない」というものです。この人間観にしたがえば、厳格な監督、詳細な命令・指示、金銭的刺激といった「アメとムチ」式マネジメントが求められます。

これに対して、Y理論は「人間は仕事を通じて自分の能力を発揮し、自己実現することを望んでいる。しかも強制されないで自ら設定した目標に対しては、努力を惜しまない」というとらえ方をしています。この人間観にしたがえば、リーダーの役割は、上から命令・指示を与えるのではなく、フォロワーに対して指導・援助を行うことにあります。そしてこの考え方が、MBO（目標管理）のベースになっているのです。

マグレガーが前提としているリーダーとフォロワーは、次のような対応関係にあります。

Y理論的リーダー・・・物事を批判的に判断し、組織目標に積極的に参画する
フォロワー

X理論的リーダー・・・言われたことは無批判に受け入れ、組織目標に積極的に
参画するフォロワー

◆人財、人材、人在、人罪

しかし現実の組織は、このようにきれいですっきりとした関係にはなっていないことが明らかです。つまり組織には、リーダーが「こうあって欲しい」と思うようなフォロワーばかりいるとは限らない、ということです。むしろリーダーの頭を悩ますフォロワーがかなり存在し、組織運営の足を引っ張ったり、生産性を低下させたりしているのです。

即ち、組織には、リーダーが前提としているフォロワーの「裏返しの人々」が存在しており、その比率を見ることでリーダーシップの有効性を測ることができるともいえましょう。

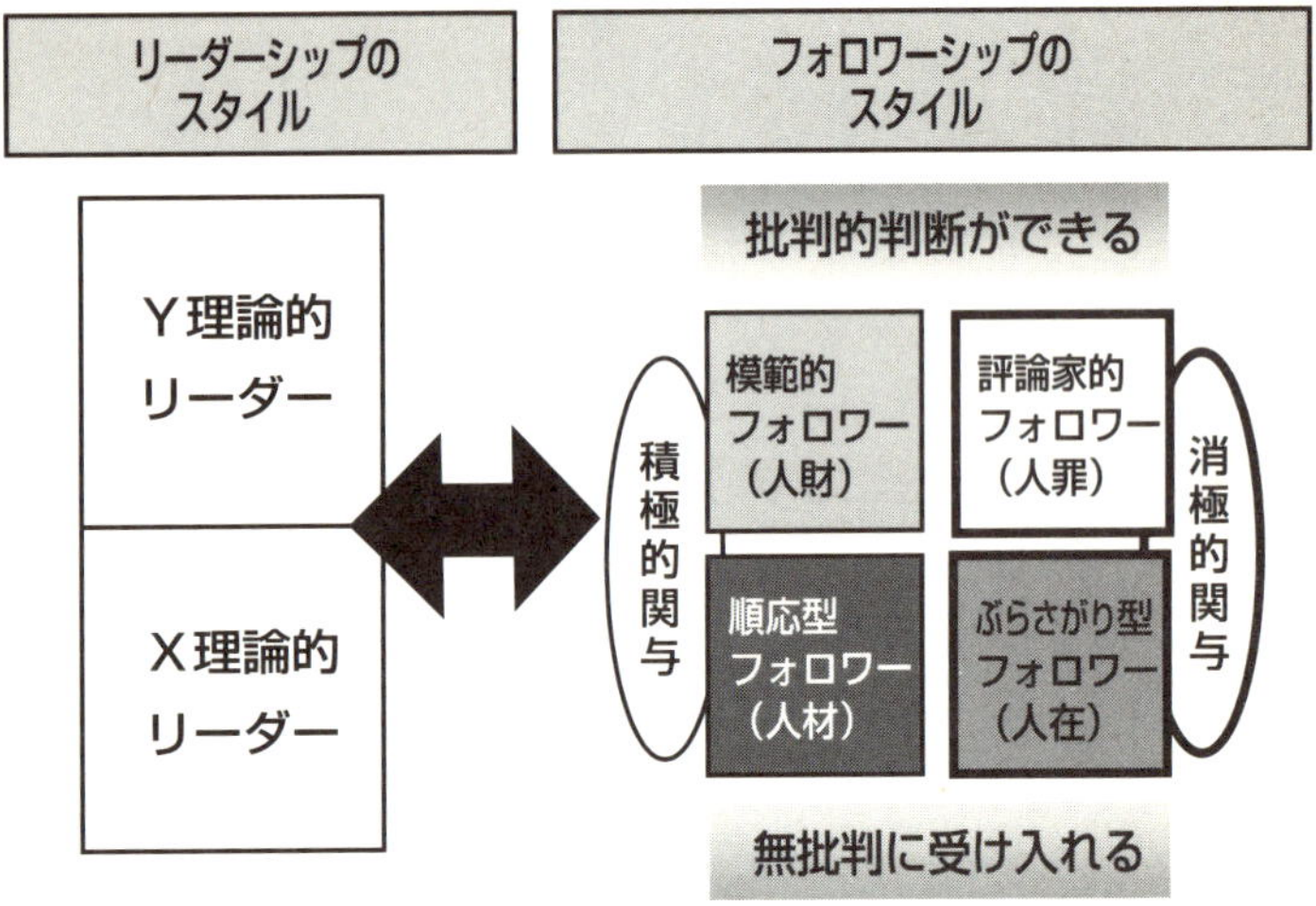

この点を考慮にいれて、次のような二つの軸（物事の判断のしかた、および組織目標への関与のしかた）で分類すると、「裏返しのフォロワー」の姿が見えてきます。

Y理論的リーダーは、模範型フォロワー（これを「人財」という）を前提にしているが、実際には一匹狼的な評論家型フォロワー（これを「人罪」という）がいること。

X理論的リーダーは、順応型フォロワー（これを「人材」という）を前提にしているが、実際には消極的なぶらさがり型フォロワー（これを「人在」という）がいること。

これらのことを認識し、そしてこのようなフォロワーをつくったのは、他ならぬリーダー自身だということを自覚することが必要です。

「フォロワーをつくったのはリーダー自身だ」という自覚ができれば、「なぜ、このようなフォロワーが存在するようになったのか?」「どうすればこれらのフォロワーを、あるべきフォロワーに変えていけるのか?」などの疑問について、原則論に立ち返って検討することができます。

この点については、また別の機会に述べてみたいと思っています。

ちなみに、もしあなたがフォロワーの立場にあるとしたら、自分はどのタイプだと思いますか?　今のご時世なら「人罪─人在─人材─人財」の順番でリストラの対象になるでしょう。

あなたには生き残れる自信がありますか?　もっとも人財にまで手をつけては、企業自体が生き残れないと思いますが・・・。

ところで、リーダーとフォロワーとの関係について、ヤン・カールソンが『真実の瞬間』で描いている理想的な姿を紹介しましょう。

石切場にやってきた男が、石工に何をしているのか、と尋ねた。

一人の石工は不機嫌な表情で、「このいまいましい石を切っているところさ」と、ぼやいた。

別の石工は満足げな表情で、「大聖堂を建てる仕事をしているんだよ」と、誇らしげに答えた。完成した暁の全容を思い描くことができ、しかもその建設工事の一翼を担っている石工は、ただ目前の花崗岩を見つめてうんざりしている石工よりはるかに満足しているし、生産的だ。

真のビジネスリーダーとは、大聖堂を設計し人々にその完成予想図を示して、建設への意欲を鼓舞する人間のことである。

◆リーダーとマネジャー

もう一つのアプローチ方法として「リーダーをその人の問題意識によってわける」こともできます。

私たちは通常、組織のトップに立つ人をリーダーと呼んだり、マネジャーと呼んだりしますが、これははっきりと分けて考える必要があります。

次の図は、仕事の棚卸しをするときに使う分類の仕方ですが、リーダーにもこれを適用することができます。

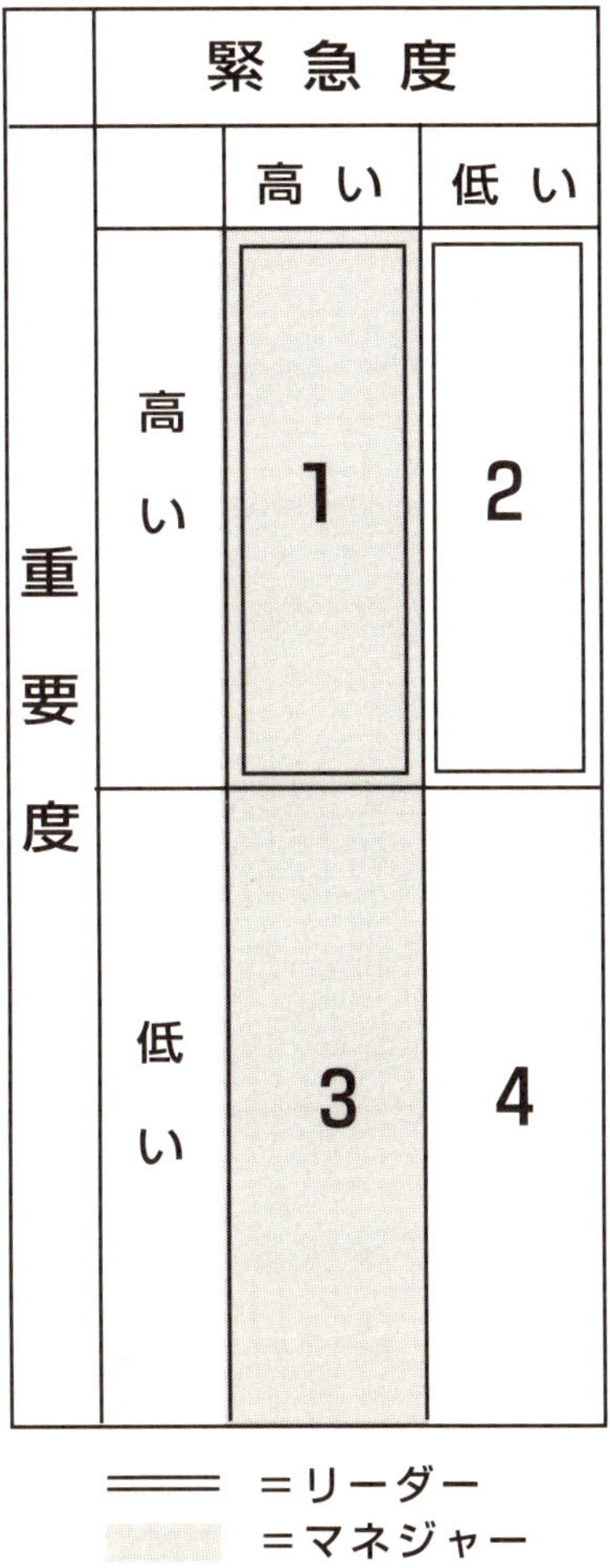

「緊急度に重きをおいて仕事をするタイプ」をマネジャー、「重要度に重きをおいて仕事をするタイプ」をリーダーということにしましょう。

では、両者の違いはなんでしょうか？

マネジャーは、緊急度の高いことを優先しますので、「急いで行う必要がある」と自ら判断したことを手がけます。ところがここには、次のような二つの落とし穴があります。

（一）「重要度」が低いにもかかわらず、「緊急度」が高いという理由で、3の領域に時間を割いてしまう

（二）そのため「緊急度」は低いが「重要度が高い」2の領域のことを、後回しにする

この結果、へたをすると、「パレートの法則（二〇対八〇の法則）」が、逆の方向（八〇対二〇）にはたらいてしまいます。つまり八〇％の仕事が二〇％の成果しか生まず、残りの二〇％をこなしても、わずか数％の成果しか期待できないことになるのです。

このタイプに欠けているのは「目的志向」の考え方で、自分の組織が向かうべき方向を考えずに仕事をします。ただしこのタイプの人も、1の領域（「緊急度」が高く「重要度」も高い）には手をつけます。

しかし多くの場合、これは重要であるからという理由よりも、急いでいるからという理由によるのです。

これに対して、リーダーは重要度の高いことを優先します。仕事が山ほどあって

もそれに「優先順位」をつけるのです。

つまり3の領域（「緊急度」は高いが「重要度」は低い）を後回しにし、かわりに2の領域（「緊急度」は低いが「重要度」は高い）を手がけます。

リーダーは「目的志向」の考え方をしますので、長期的視野にたって「いま何をする必要があるか」を見極めようとします。そして組織の方向を見定めたうえで行動するのです。結果、二〇対八〇の法則（二〇％の仕事が八〇％の成果を生む）通りの成果が期待できます。

ここでのキーワードは「目的志向」であり、ヤン・カールソンの言う「大聖堂」のことを考える「スタンス」であるといえましょう。

リーダーとマネジャーについて、ジョエル・バーカーが『パラダイムの魔力』のなかで引用しているウォーレン・ベニスの言葉を借りることにします。


管理者は管理し、リーダーは革新する。

管理者は短期的な視野をもち、リーダーは長期的な視野をもつ。

管理者は「どのように」「いつ」を問題にし、リーダーは「何」「なぜ」を問題にする。

管理者は業績をみつめ、リーダーは地平線をみつめる。
管理者は現状を受け入れ、リーダーは現状を打破しようとする。

囚人のジレンマと生きがい

◆ゼロサムゲーム

ゲームの理論に「囚人のジレンマ」というモデルがあります。簡単に紹介すると次のようになります。

共犯の容疑者が捕らえられ、別々の独房に入れられて取り調べをうけます。検事は二人に「二つの選択権（自白および黙秘）」があることを告げます。

そして、刑は次のようになります。

①二人とも黙秘すれば、二人は三年の刑となる。
②一方が自白し、他方が黙秘したときは、前者は一年、後者は一〇年の刑となる。
③二人とも自白したときには、五年の刑となる。

これらの関係を表にすると、次のようになります。

「囚人のジレンマ」関係図

		容疑者B	
		黙秘	自白
容疑者A	自白	1年 / 10年	5年 / 5年
	黙秘	3年 / 3年	10年 / 1年

さて、二人はどのような行動を選択するでしょうか？　仲間にたいする信頼と疑い、黙秘と自白をめぐって、心のなかで大きなジレンマにおちいるにちがいありません。

二人がともに黙秘すれば、三年という軽い刑ですみます。しかし相手が黙秘し自分が自白してしまえば、自分は一年という最も軽い刑ですむのです。どんなことがあっても一〇年だけはご免蒙りたい・・・そこで裏切りへの誘惑が心をもたげます。

このことは、二人に共通していえますので、結果として二人はともに相手を裏切って自白してしまい、より重い刑である五年が科せられることになるのです。

これが「囚人のジレンマ」といわれるゲームのあらましです。

お互いに協調すれば、より良い結果が得られるのに、自分だけの利益を考えて行動すると、ともに不利益を蒙ることになるのです。

これが「囚人のジレンマ」の教訓です。

◆「囚人のジレンマ」の理論

ゲームの理論は、もともとお互いに利益が対立するという前提にたっています。

即ち、一方が利益を得た分だけ、他方が損をするというものです。

このようなゲームは、ゲームに参加している人たちの利益と損失を合わせると、ちょうどゼロになりますので、「ゼロサムゲーム」とよばれています。囲碁、マージャン、トランプなど、私たちがふだん楽しんでいるゲームのほとんどが、このルールになっています。

私たちはゼロサムゲームに慣れていますので、日常生活すべてのことをゼロサムゲームのルールで考えてしまいがちです。

ゲームに限らず、たとえば入学試験、入社試験、昇進試験、学校での成績評価、企業での人事考課なども、広い意味でこの考え方に立っています。そのために自分の周りの人が、みな自分のライバルのように見えてくるのです。

◆「勝つ」ということの意味

私たちは、人間関係のいろいろな局面で「囚人のジレンマ」を感じながら生きています。

そして、勝ち負けにこだわった生き方をしています。その結果、「勝ち負け」「勝負ありなし」という基準でものごとを判断することを、当然のことのように受け入れています。

ところが勝ち続けるのは難しいことを解っているものですから、「勝たなくても負けない」という（屈折した）生き方を選択することになるのです。

ただし「勝たなくても負けない」という生き方では、自分の生き方として何か物足りなく思います。そこでさらに「他人に迷惑をかけない」という新しい基準を追加します。そしてこの二つのルールをもつことで、人は自分の人生の体面を保って生きていくのです。

「人をさしおいてまで、自分が勝とうとするわけではない」「他人には迷惑をかけない」「このような生き方のどこが悪いのだ、他人からとやかく言われる筋合いはない」と言われれば、「悪いところはありません。ご立派です」と答えざるをえないでしょう。しかし間違ってはいませんが、どこかおかしいのです。何かが足りないのです。

「人に負けない」とは、その裏に「相手の出方を見て自分の行動を選択する」という意味が込められています。相手の出方がわからないかぎり、行動に移らないのです。そして相手に合わせてしまうのです。そうすれば、勝たなくても負けることはありません。しかし、相手の行動を見なくても、「自分はこうしたい」という思いがあるはずです。それを抑えて皆が「負けなければよい」という生き方をしたら、誰も積極的な行動をとる人はいなくなります。そして、皆で負け戦をしているようなものです。

さて、「一方が勝てば他方が負ける」というのが「ゼロサムゲーム」なら、両方とも勝つという「非ゼロサムゲーム」だってあるはずです。

「囚人のジレンマ」の例では、もう一つの選択肢がありました。

黙秘することです。相棒を信じて黙秘すること、万一相棒が裏切って自白してもかまわない、自分の信念を貫こう・・・。こういう生き方がありました。

「マイナスにさえならなければ」という生き方は、決して「プラスにはならない」ということを肝に銘ずる必要があります。

◆家庭内で「勝ち―勝ち」ゲームを

お互いに協調すればよりよい状況をつくれるのに、自分だけの利益を追求していくと、ともに不利な状況をつくってしまう・・・。これが囚人のジレンマの特徴でした。

このような状況はどこにでも見られる現象です。

ゼロサムゲーム（勝ち負け）の原型を、私たちは家庭における親子関係に見ることができます。

子供が小さいときは親子関係は何の問題もなく、愛情につつまれるのが普通ですが、子供が大きくなるにつれ、親から見て問題だと思われる行動がふえてきます。

そのようなとき（親子間に対立が生じたとき）、親は多くの場合、次のような二つの方法で対処します。厳しくするか、許容的になる（甘やかす）かの二つです。これらはともに「勝負あり」のアプローチで、勝つ人と負ける人が出てしまいます。

もちろん、親と子の関係を単に勝ち負けで表すことには異論があると思いますが、ここでは解りやすくするために勝ち負けと表現することにします。

まず、親が厳しい態度で接する場合。

親子間に対立が起きると、それをどのように解決するか親が一方的に決めてしまいます。子供の抵抗にあうと、親は権力を使って子供をそれに従わせます（親が勝ち、子供が負ける）。

次に、親が許容的な態度で接する場合。

親子間に対立が起きると、親は自分の解決策を受け入れるように子供に説得を試みます。ところが、子供の抵抗にあうと、親はあきらめて子供のしたいようにさせます（子供が勝ち、親が負ける）。

二つのケースとも、一方は負けた気持ちになり、勝った相手に対して反発感情を抱きます。それが続くと、自分の本当の気持ちを表現しなくなります。そして何かで失敗すると、相手に責任を転嫁するようになります。

これら二つのパターンで育った子供が、それぞれ精神的に問題を抱えた少年少女時代をおくることになるという調査結果がでています。私たちは、子供だからということで大目に見たり、一方的に厳しく扱いますが、このようなスタンスこそ子供の自尊心、および自己イメージの形成に悪い影響を与えるのです。

それでは「解決策」としては、これら二つの方法しかないのでしょうか。アメとムチという伝統的なやり方を用いないで、親と子供が一緒になって解決策を見いだす、その結果、親も子供も満足する。誰も負けず、ともに勝つ……。このような方法があるはずです。

これを第三（共存、勝ち—勝ち）の方法とよぶことにしましょう。

親子間に対立が起きると、親は大人に接するように、子供に対してお互いに解決策を探そうと提案します。子供もそれを受け入れ、それぞれ解決案を出し合い、評価し、お互いにとって最善の方法を選ぶ。そして実行する。このやり方には強制も妥協も必要ありません（誰も負けない）。

親は、この方法を学ぶ必要があります。他に良い方法があるのなら、それを用いればいいのです。

肝心なのは、勝ち負けの関係をつくらないことです。そして関係者が一緒になってともにプラスになる道（勝ち―勝ちの関係）を考えることです。親がこのような方法で子供に接することで、子供は自主性を身につけ、思いやりのある子供に育っていくのです。

もちろん夫婦関係についても、同じことがいえます。しかしよく考えてみると、この方法は社会では当たり前のことです。家庭のなかで使われていないだけなのです。

これらの点について、もう少し考えてみましょう。

◆子供は親をみて育つ

私たち大人の生き方は、そのまま子育てのスタンスになり、子供に伝えられます。私たちは子供に対して「他人や社会に迷惑をかけないような人間になりなさい」と言ってきたはずです。それ自体は当たり前のことですが、その背景に現代の大人の生き様が見えてきます。子供が傷つくのを恐れるあまり、安全第一の世渡りを願って、他人とのかかわりをできるだけ消極的にすまそうという考え方です。社会とのかかわりにおいても、「迷惑をかけなければそれでよい。頼まれもしないのに、わざわざ自分のほうから苦労を買って出ることはない。失敗でもしたら傷つくのは自分だけだ。自分のことだけ考えて無難に生きるのがなによりだ」と思っているのです。

そういう親の気持ちを反映してか、子供たちは学校でクラス委員など割に合わない役割は引き受けないし、掃除などもやろうとしないという話を聞きます。クラスのために頑張るとか、責任を果たす行為は、エエカッコシイがやることで、仲間うちからは決して評価されないのです。そればかりか仲間の誰かがやろうとすると、妨害したりイジメの対象になったりします。

しかしながらこのような態度からは、思いやりのある人間関係も、こころ豊かな社会も生まれてこないことは明らかです。

「迷惑をかけなければそれでよい」という消極的な生き方からは、何も生まれてはきません。私たちはもっと積極的に「世の中のためになる人間になりなさい」と言い聞かせる必要があるのではないでしょうか。

そして、それは同時に私たち自身に向けて発せられるべき言葉だといえます。

私たちが消極的な生き方をしているかぎり、子供はそれを見習います。子供というのは「親が言うようにはしないが、親がするようにはする」ものです。そして一度ぐらいは親の生き方に疑問をもつことはあっても、結局は親と同じ無難な道を歩もうとします。

私たちは、勝つことのイメージを「勝ち―負け」から「勝ち―勝ち」に変え、生き方を変えるしかないのです。

◆生きがい―映画『生きる』より―

多くの場合、私たちがこのような「勝ち―勝ち」の生き方の必要性に気づくのは、残念ながら社会を引退してからですが、それでは遅いと思います。消極的な生き方をした人は、社会とのつながりがなくなったときから生きがいを喪失します。

生きがいというのは、自分が社会のどこかとつながっていて、他人のために役立っていると実感できて、はじめて感じられるものだからです。

そのことを思い出させてくれるものに、黒沢明監督の映画「生きる」という名作があります。私たちは、監督が主人公を通じて伝えようとしたメッセージを再確認する必要があります。少し長くなりますが、物語のあらましを紹介したいと思います。

物語の主人公は、市役所で働く市民課長。

彼はもう三〇年間も、毎日同じ時間に始まり同じ時間に終わる生活を繰り返してきた。今の仕事はといえば、部下からあげられてきた稟議書にひたすら判を押すだけ。

そんな彼が、あと一年で定年を迎えることになる。彼はここ数年、胃の調子が悪く医者通いが多くなる。

ある日、彼は医者の態度からガンであることを悟る。それもあと半年の命。自分ではどうにもならない現実を前にして、彼は焦り、今まで決して休むことのなかった役所を無断欠勤する。そして酒浸りの数日が続く。何をしてもつまらない毎日。そこで彼は、自分の三〇年間を初めて振り返る。「いったい自分は何をしてきたのだろう?」と。

そんなある日、「市役所での仕事がつまらない」といって退職した女性と出会う。彼は真顔で聞く。

「君はどうしてそんなに生き生きしているのだ?　市役所にいたときは、嫌な顔をしていて、ちっとも朗らかじゃなかったじゃないか」

すると彼女は、手に持っていたウサギのおもちゃにゼンマイを巻いて、彼の目の前に置き、こう答えた。

「私、お人形を作る工場で働いているの。そして思うの。小さなお人形を作るたびに、これでまた日本のどこかにいる赤ちゃんと仲良くなったなあと。そう思うと、仕事が楽しくて。生きがいがあるのよ」

それを聞いた彼は「生きがい、生きがい」とつぶやく。そして、残り少ない人生で一つだけ「人のためになる仕事をしよう」と決心する。

市役所にもどった彼は、死ぬまでに自分に出来ることは何か探し始める。そして、つい最近、自分が惰性でたらい回しにした市民からの「湿地帯に公園を！」という請願を思い出し、それを実現させようと動き出す。彼の行動は変化し周囲も巻き込まれていく。そして努力は実を結び、湿地帯に公園が完成した。

その年のクリスマスイブの夜、雪のふる寒い公園で、彼はブランコにゆられながら息をひきとる。

有言実行

◆アファメーションの実行

私たちは目標を設定しました。目標を明確にしたことで、将来にたいして漠然と感じていた不安も少なくなりました。アファメーションもつくりました。

私たちは「アファメーション」という手法を用いて自分の未来像を先取りし、それを潜在意識に刷り込み、現実とのギャップを埋めていこうとしているのです。これは西洋流の自己実現の方法といえます。即ち、心理学と脳生理学の理論を応用して、だれでも実践できる形に体系化しています。

アファメーションを毎日実行することで達成へのエネルギーもわいてきます。その意味で、このやりかたは「有言実行」といえましょう。

ただし「有言（言葉の使い方）には注意」しましょう。なぜなら私たちの脳は本人が自覚していないような言葉の本質を読みとって、行動に結びつかせるからです。

私たちは自分の意志表示をするとき、

「私は・・・します」
「私は・・・できます」

という言い方をします。

これを脳は、どのように受けとめるかみてみましょう。

まず、「私は・・・します」について。

たとえば「私はタバコをやめます」「私はダイエットをします」「私は勉強をします」などという言い方をします。それで実現できれば問題ありませんが、多くの場合、実現の可能性は少ないといえましょう。というのも、このような言い方には「今はしていないけれど、これからします」という意味が言外に含まれているからです。その意味を脳はちゃんと読みとっています。そして「これは将来のことだ」と認識し、なかなか行動にむすびつかないのです。

それでは「私は・・・できます」という言い方はどうでしょう。

これは、単に可能性を言っているにすぎず、自分に問題を投げかけたことにはなりません。

たとえば「私は一〇〇メートル泳げます」という場合、「もし泳ぐとしたら、私は一〇〇メートル泳ぐことができます」という意味が込められていて、泳ぐかどうかはわかりません。

◆私はタバコをやめています

ところが、これを

「私はタバコをやめています」
「私はダイエットをしています」
「私は勉強をしています」

という「現在形の表現」に変えてみたらどうでしょうか。

途端に、その行動をとっている自分の姿が脳裏に浮かんできます。すると、今現在そのことをやっているかどうかチェック機能が働きだし、やっていない自分に問題を投げかけることになるのです。

これを何度も繰り返していると、潜在意識のなかに鮮明にそのイメージが刷り込まれます。そして言葉のイメージと現実とのギャップを「認識の不協和」として感じ取り、鮮烈な「イメージ」のほうを実現しようと行動を起こすのです。

◆ビジョン達成のヒント

これは個人だけに限りません。

企業は経営理念やビジョンというかたちで、内外にメッセージを伝えています。多く見られるものに「私たちはお客様を大切にします」とか「私たちは地球環境を大切にします」などの表現が一般的です。これを「私たちはお客様を大切にしています」「私たちは地球環境を大切にしています」という形に変えることによって、個人と同じような効果が期待できます。

このような形式要件だけでなく、日頃の言葉の使い方にも注意しましょう。まず第一のポイントは「自分が発する言葉は肯定的にする」ことです。よく引き合いに出されることとしてコップに入った水の例があります。

コップに入った水を半分飲んだとき、「もう半分しかない」というのと、「まだ半分残っている」というのでは、見える風景はまったく違ってきます。

ゴルフのプレーでも同じことがいえます。最初のハーフをさんざんなスコアで回ってきたとき、「ああもう半分しかない。今日はもうだめだ」と思うか、「まだ半分残っている」と思うかで、その日のスコアは大きく違ってきます。

私たちは、日頃何気なく言葉を発していますが、否定的な使い方をしているとしたら、これを肯定的に変える必要があります。

第二のポイントは、他人から発せられる言葉にも注意しましょう。

「否定的なものには耳を貸さない」ことです。

とくに自分の目標なり、アファメーションを他人に話すと、「そんな夢のようなことは、できるはずがない」とか、「やめたほうがいいよ、どうせ三日坊主だから」などと、からかわれるのが落ちです。

そのようなとき、やろうという決心がゆらぎます。

そのまま聞き流して、決して受け入れないことです。それよりも、自分の目標なりアファメーションは他人には話さないで、自分の胸の内に秘めておくことです。

ただし、協力してくれる人には話しましょう。賛意を聞くことで、決心はいよいよ固まってくるはずですから。

「たかが言葉、されど言葉」と言えましょう。

ちなみに日本には「言霊」という言葉が厳然として存在しているのです。

◆あとは実行あるのみ

このような意味で、私たちは「第一人称」「現在形」「体験している実感をともなう」というアファメーションの原則にたどりつくことになるのです。現在形で表現することで、私たちは将来のことでも今の現実として認識することができるのです。そして、現在形というしばりこそ、「認識の不協和」を解消するための行動をうながす鍵となるのです。

あなたも「私は・・・しています」という形で、ありたい自分の姿を表現してみてください。

それを紙に書き、じっと眺め、繰り返し読む度に、想像力がひろがっていきます。そして、そのときの感情をじっくりと味わってください。それを一日に何度も実行します。

私たちは嫌なこと、失敗したことなどは、何回も繰り返し思い出しては潜在意識に刷り込みます。それを一〇〇回やっているとしたら、一〇一回アファメーションをやる必要があります。そして、無意識のうちに、ありたい自分の姿（プラスの自己イメージ）を思い浮かべるようになれば、もう大丈夫です。

あとは「実行あるのみ」、座していたのでは何も得られません。私たちのたてた目標は、自分にとって大切なことですから、実行することはそれほど苦にならないはずです。

行動のキーワードは「今」です。

過去でも未来でもありません。

過去は過ぎ去ってしまって取り返すことはできません。未来は永久にやってきません。もし「明日からやろう」と思っているとしたら、気持ちを入れ替えて今から取りかかりましょう。そうしないと何事も実現しないのです。

私たちに必要なのは「今日一日を確かに生きた」という実感なのです。

「行動」という意味の英語は、behaveです。

これを分解するとｂｅ＋ｈａｖｅとなります。

つまり「なにかになる」ということと「なにかをもつ」という意味が込められているのです。「なに」になれ、「なに」をもてというのでしょうか。

それは一人ひとりが決めることです。

これまで見てきたように、私たちは「こういう人間になりたい」という自己イメージをもっています。またその自己イメージを実現するために、楽観的態度が必要なことを学びました。

準備はすべて整ったはずです。

もしもなにかをしようと思いながら、先に延ばしているのだとしたら、あなたはなにを待っているのですか？　なにか足りないものでもあるのでしょうか？

◆あなたは自分が考えた通りの人間になる

もし今できることがあるなら、すぐに始めましょう。

まだやっていないことがあって、それをやろうと決意しているなら、いつ着手するのかスケジュールをたてましょう。

行動を起こす前に方法を学ばなければならない、と思う人もいるでしょう。しかし、それは行動しながらでも学ぶことができるはずです。細部にわたる完璧なプランづくりはあまり意味がないことを、私たちは経験的に知っています。目標を決めて今すぐ実行できる適当なプランのほうが、そのうち実行する完璧なプランよりもはるかにすぐれていることに気づくべきです。

目標をもって始めれば、必ずRASのプロセスが働きだします。

私たちに必要なことは「快適ゾーンから抜け出す」ことです。

快適ゾーンの外にある目標をめざすことで、自分を成長させることができるのです。もし行動を起こさなければ、目標を達成することも、自分を成長させることもできません。

最後に、次の言葉を思い出して、本書を締めくくることとします。

「あなたは自分が考えたとおりの人間になる」

「したいことをしないで人生がいたずらに過ぎて行くのを見送るか、それとも立ちあがって行動をおこすか」

あとがき

一度は「自分」をつうじて人生を語ってみたいと思っていましたが、いざ書き出してみると意外に難しいことがわかってきました。それは、これが自分の考えだ、と言いきれるほど「内なる自分」をつかみきっていないということでした。

それができるのは小説家や哲学者など日常的に内省している人たちなのだろう、と改めて尊敬の念をもった次第です。そして、自分には教育の実務家の立場があると思い至り、その立場で「今日の人材」の問題を整理してみることにしました。

ところで、私は認知心理学の考え方を採り入れた「自己実現プログラム」を広める研修をおこなっています。

参加者の多くは「積極的でもっと自分の人生を充実させたい」といって受講されます。

しかし中には「立ち止まって、自分の人生を見直したい」という人や、「もうとても前には進めない」という人も参加されます。

特に、中高年や主婦にそのような方が目立ちます。

そんなとき、私は無理に引っ張ることも、後ろから押すこともしません。

本人が歩き出したくなるのを待つのが一番いい方法です。

しかし、何もしないわけではありません。

認知心理学は、ものごとの認知の方法を教えてくれます。

人生に対する認知のしかたによって、後の行動が変わることを理解できれば、その人も自然と歩き出すことがわかっています。だから、皆さんと一緒になって議論に参加していただきます。すると、そのような人も自然と歩き出すようになります。

これをコーチングという人もいますが、「本人が気づいて行動を起こし始める」という意味で、セルフコーチングというほうがぴったりしています。

この本はその意味で「セルフコーチング」という表現を使っています。

セルフコーチングによって、自分の人生を取り戻せる人がいれば、それは望外の喜びであります。

なお、今回この本を出版するにあたって、多くの人々から励ましと助言をいただきました。
特に、私の研修に参加された皆さんには多くのヒントをいただきました。この場を借りてお礼申し上げます。

織田善行

ＴＰＩ（The Pacific Institute）とは…

ＴＰＩは、1971年にルー・タイスとその妻ダイアン・タイスによって、認知心理学と社会科学の最新研究に基づく、教育カリキュラムや研修方法の研究機関として米国のワシントン州シアトルで創立されました。

ＴＰＩはシアトル大学、ワシントン大学の他、全米の産業心理学者、ＴＱＭ等の各種専門家の他、企業、個人の様々な体験、ニーズ、研究成果をフィードバックし、この構造的に変化する時代環境に常にフィットし、最高の効果を生み出す教育方法等を研究、取り入れています。

創立以来四半世紀、現在毎週３万人以上、年間延べ約200万人の人々が世界でこのＴＰＩプログラムと取り組んでいます。

ＴＰＩの考え方は、米国のほとんど全ての連邦刑務所や多くの州立刑務所でも採用されています。また、適当な職業に就業できず、一度も就業したことがない人々を助ける更正施設でも、ＴＰＩの考え方が実行されています。

さらに米国の最大の学校組織の多くは、現在実施されている教育の質を改善させるために、ＴＰＩのカリキュラムを利用しています。ＴＰＩの使命は、個人や組織が到達しうる「最上級に達すること」を手助けすることだからです。

現在ＴＰＩプログラムは、米国、カナダ、イギリス等の英語圏を始め、スペインやメキシコ、ペルー、タイ、中国等、急速な国際展開が進んでいます。日本では1995年に「株式会社ＴＰＩ・ジャパン」が設立されました。

ＴＰＩプログラムは、日本はもとより世界中で活用されているプログラムなのです。

＜ＴＰＩの理念＞

◎　私達は、すべての個人が
神より授けられた潜在能力を
開花させることを宣言します。

◎　ＴＰＩ教育は、
自己の成長、自由ならびに
最高級の実践を選択する能力が与えられていることを認識する力を人々に与えます。

◎　私達は、正しくて適切な
あらゆる方法を通じて、私達の教育を
行っていくことを約束します。

◎ＴＰＩへのお問合せは…

〒101-0021　東京都千代田区外神田１-１-５
昌平橋ビル２Ｆ
TEL　03-3257-6767　FAX　03-3257-4343
ティー・ピー・アイ・ジャパン株式会社

◎参考文献◎

1　『望めば、叶う』Ｌ・タイス著、(株) 日経ＢＰ社

2　『指導力革命』ロバート・ケリー、(株) プレジデント社

3　『自己暗示』Ｃ・Ｈ・ブルックス、エミール・クーエ著、法政大学出版局

4　『自分に自信をもて』マクスウェル・マルツ著、(株) 三笠書房

5　『成功の心理学』Ｄ・ウェイトリー著、(株) ダイヤモンド社

6　『心と脳のしくみ』時実時彦著、講談社学術文庫

7　『心療内科』池見酉次郎著、中公新書

8　『いかにして自分の夢を実現するか』Ｒ・シュラー著、(株) 三笠書房

9　『ＥＱ　こころの知能指数』Ｄ・ゴールマン著、(株) 講談社

10　『オプティミストはなぜ成功するか』Ｍ・セリグマン著、(株) 講談社

11　『才能を伸ばす人、つぶす人』千葉康則著、ＰＨＰ文庫

12　『企業の人間的側面』Ｄ・マグレガー著、(株) 産能大学出版部

13　『指導力革命』ロバート・ケリー著、(株) プレジデント社

14　『真実の瞬間』ヤン・カールソン著、(株) ダイヤモンド社

15　『パラダイムの魔力』ジョエル・バーカー著、日経ＢＰ出版センター

16　『「非まじめ」の思考法』森政弘著、講談社文庫

17　『コーチングの理論と実践』織田善行著、(株) デイ・エフ・エイチ

《著者》織田　善行（おだ・よしゆき）

広島県尾道市出身　昭和15年生まれ
昭和36年３月　広島大学付属福山高等学校卒業
昭和40年３月　東京大学文学部社会学科卒業
昭和40年４月　安田生命保険相互会社入社
昭和50年12月　アメリカンファミリー生命保険会社入社
昭和60年１月　取締役人事部長
昭和64年１月　常務取締役
平成７年９月　退任
平成７年10月　ティー・ピー・アイ・ジャパン株式会社代表取締役社長　就任

◎主な講演（師）先◎

ＮＨＫ文化センター、各地ロータリークラブ、日本産業人クラブ、東京産業人クラブ、自衛隊、（社）中小企業診断協会、総合人事協会、（社）神奈川県経営診断協会、神奈川県中小企業経営センター、文化放送教育センター、アフラック、（株）ローソン、三菱商事（株）、（株）三菱化学、日本板硝子（株）、（財）ベンチャーエンタープライズセンター、企業ＯＢペンクラブ、人材開発協会　等

◎主な論文◎

「ベンチャービジネスとベンチャーキャピタル」
「生保産業の将来に関する一考察」
「コーチングの理論と実践」（株）デイ・エフ・エイチ
等多数

人生にＹＥＳ！と言うための
パーソナルコーチング

2004年３月１日　初版第一刷　発行

著　者　　織　田　善　行
発行者　　荒　木　義　人
発行所　　株式会社ビジネス教育出版社

〒102－0076東京都千代田区五番町５－５
TEL03－3221－5361（代）FAX03－3222－7878
E-mail info@bks.co.jp URL http://www.bks.co.jp

落丁・乱丁はお取り替えいたします。　印刷・製本/（株）啓文堂

ISBN4-8203-0037-6